Bibliografische Information der Deutschen Nationalbibliothek: Die Deutsche Nationalbibliothek verzeichnet diese Publikation in der Deutschen Nationalbibliografie; detaillierte bibliografische Daten sind im Internet über http://dnb.dnb.de abrufbar.

Detlef Georg Siebert
Entsetzlich »schöne neue Welten«
Wozu sind kollektive Wunsch- und Albträume gut?

Alle Rechte des Buchtextes sind vorbehalten
und liegen beim Autor.
© Detlef Georg Siebert
Kassel, September 2016
Lektorat: Melanie Kopp

Foto des Umschlags (Ausschnitt des Orionnebels): Von ESO/H. Drass et al. - http://www.eso.org/public/images/eso1625a/ https://cdn.eso.org/images/large/eso1625a.jpg, CC-BY 4.0, https://commons.wikimedia.org/w/index.php?curid=50117253

Herstellung und Verlag:
BoD – Books on Demand, Norderstedt

ISBN: 978-3-7412-4276-2

Detlef Georg Siebert

Entsetzlich
»schöne neue Welten«

Wozu sind kollektive Wunsch- und Albträume gut?

»Der Utopist sieht das Paradies,
der Realist das Paradies plus Schlange.«

Christian Friedrich Hebbel[1]

---

[1] Christian Friedrich Hebbel (1813-1863), deutscher Dramatiker und Lyriker. Zitiert nach https://www.aphorismen.de/zitat/151522 (abgerufen am 24.08.2016).

1. Ein wissenschaftlicher Utopiebegriff

Mit einem übersichtlichen und handlichen Taschenbuch gelang es dem Politikwissenschaftler Thomas Schölderle vor einigen Jahren, eine hervorragende Einführung in das äußerst materialreiche Gebiet des utopischen Denkens zu liefern. Die drei folgenden Zitate stammen aus dieser Arbeit:

> »In der wissenschaftlichen Diskussion sind vor allem drei Utopiebegriffe richtungsweisend geworden. Grob unterscheiden lassen sich ein *klassischer*, ein *sozialpsychologischer* sowie ein *totalitarismustheoretischer* Utopiebegriff. Der Ausgangspunkt des *klassischen* Begriffs ist die im Jahr 1845 von Robert von Mohl geprägte Bezeichnung ›Staatsroman‹. Die gesamte Gattung definiert er als ›Dichtungen (…) eines idealen Gesellschafts- oder Staatslebens‹ […]. Zwar ist die Begriffsbildung gleich doppelt unglücklich, weil weder die epische Form des Romans noch die ›Idealstaats‹-Beschreibung wirklich konstitutiv für die Mehrzahl der Utopien ist. Doch steht die klassische Utopieforschung bis heute weitgehend in der Tradition des mohlschen Ansatzes. Sie orientiert sich hauptsächlich am Prototyp von Morus' *Utopia* und ist perspektivisch auf die prägenden (meist literarischen) Entwürfe in der Geschichte konzentriert. Demgegenüber liegt dem *sozialpsychologischen* Utopiebegriff ein deutlich erweitertes Verständnis zugrunde. Maßgeblich initiiert wurde es von Gustav Landauer (*Die Revolution*, 1907); seine wichtigsten Vertreter waren schließlich Karl Mannheim (*Ideologie und Utopie*, 1928) und Ernst Bloch (*Das Prinzip Hoffnung*, 1959). Später fand der Ansatz auch Fürsprecher im Soziologen Arnhelm Neusüss oder dem Bloch-Schüler Burghart Schmidt. […] Dabei rekurrieren die Autoren allesamt nicht mehr auf die Denktradition, sondern betrachten Utopie als eine Art Bewusstseinsform oder bloße Intention. Das hat zur Folge, dass – etwa bei Ernst Bloch – von Schaufensterauslagen bis zur Bibel, von Tagträumen bis zu Beethovens *Neunter* alles unter den Utopiebegriff

subsumiert werden kann. [...] Damit lässt sich aber ebenso schlecht operieren wie mit dem dritten Typus: dem *totalitarismustheoretischen* Utopiebegriff. Sein prägendes Muster schuf der bekannte Wissenschaftsphilosoph Karl Popper [...] und es erlebte vor allem im Kontext der Zeitenwende von 1989/90 eine beachtliche Renaissance. [...] Utopien gelten demnach als geistige Vorwegnahme späterer totalitärer Herrschaftsformen. Der Reduktionismus des Ansatzes liegt gleichsam auf der Hand, denn schwerlich lässt sich allen historischen Utopieentwürfen ein totalitärer Gehalt, geschweige denn eine solche Funktion, und im Grunde nie eine solche Intention nachsagen.«[2]

»Utopien sind in ihrer klassischen Ausprägung fast allesamt rationale Gedankenexperimente, die in erster Linie der zeitgenössischen Gesellschaft den Spiegel vorhalten. Die Funktion des Textes liegt in einem Anstoß zur Reflektion über die Grundlagen der zeitgeschichtlichen Wirklichkeit. Mit dieser Funktion deckt sich über die längste Zeit der Utopiegeschichte auch die Intention der Utopisten. Sie beabsichtigen in den wenigsten Fällen einen Modellentwurf zur maßstabsgetreuen Totalrevision der Gesellschaft. Der unmittelbare Verwirklichungswille bleibt die seltene Ausnahme. Der Autor führt den Leser vielmehr in eine alternative Welt und verfolgt damit das Anliegen, diesen mit geschärftem Blick in die Realität zurückkehren zu lassen. Die pädagogische, zum Teil sogar spielerische Dimension der Utopietradition ist häufig übersehen worden. Man hat die Entwürfe an den falschen Stellen ernst genommen und ihre Urheber leichtfertig zu irrationalen Phantasten oder zu totalitären Vordenkern des 20. Jahrhunderts erklärt.«[3]

2　Thomas **Schölderle: Geschichte der Utopie**. Eine Einführung. Köln u. a. 2012: 12f (die eckigen Klammern kennzeichnen ausgelassene Fußnoten).

3　Schölderle a. a. O.: 14.

»Als Utopien gelten fortan rationale Fiktionen menschlicher Gemeinwesen, die in kritischer Absicht den herrschenden Missständen gegenüber gestellt sind.
Unterscheiden lassen sich Utopien damit stichwortartig von allen Formen, deren Projektionen auf jenseitige, metaphysische oder längst vergangene Vorstellungen gerichtet sind, etwa der biblische Garten Eden, der Mythos vom Goldenen Zeitalter oder sämtliche eschatologische Heilserwartungen. Darüber hinaus sind Utopien stets rational mögliche Alternativen des menschlichen Zusammenlebens und tragen einen prinzipiell politischen Charakter: Magische Wünsche, Märchen, Traumassoziationen, Robinsonaden oder Schlaraffenland-Erzählungen – all diesen Fiktionen fehlt entweder das Merkmal der Sozialkritik oder es mangelt ihnen an der innerweltlichen Möglichkeit des Anders-Sein-Könnens. Science-Fiction ist in erster Linie Abbild und Verlängerung des wissenschaftlich-technischen Fortschritts und insofern kein Instrument der Sozialkritik. Dass hier Überschneidungen denkbar sind, versteht sich von selbst; doch falls die technische Phantasie keinerlei gesellschaftspolitische Relevanz besitzt, ist die Abgrenzbarkeit sogar eindeutig. Zu unterscheiden ist Utopie aber auch von Prognostik oder Futurologie, denn ihr geht es nicht um die möglichst treffgenaue Vorhersage kommender Entwicklungen auf der Basis einer empirisch-wertneutralen Methode, sondern um den normativen Anspruch, die Zukunft zum Besseren zu wenden.«[4]

Als Einstieg in das Thema eignet sich auch der Wikipedia-Artikel, der sich unter dem Stichwort »Utopie« findet.[5]

---

4 Schölderle a. a. O.: 17.
5 Vgl. *https://de.wikipedia.org/wiki/Utopie* (abgerufen am 28.11.2015).

2. Die Utopien von Aldous Huxley
Vom Sarkasmus zur Gutmenschen-Vision

2.1 »Kollektivität, Identität, Stabilität«

Als Schlagwort ist der deutsche Titel des 1932 erschienenen Romans »Brave New World« Allgemeingut. Persönlich las ich die alte Übersetzung erstmals um 1980 herum. Damals war ich sowohl fasziniert als auch abgestoßen von Huxleys Weltentwurf. Genau aus dieser Ambivalenz gewinnt das Buch die enorme Kraft, die es zu einem modernen Klassiker erhoben hat.

Huxley entwirft darin die mehr als sarkastisch gemeinte Fiktion eines friedlichen Weltstaates, in dem (fast) alle Menschen dauerhaft glücklich sind. Der Preis des Glücks ist allerdings Furcht einflößend: Die Menschen sind keine wirklichen Individuen mehr, sondern pränatal und sozialpsychologisch normierte Teilwesen eines strikten, postmodernen Kastensystems. Die echten Künste und freien Wissenschaften wurden – genauso wie jede tiefere Emotionalität oder gar Religiosität – geopfert, um das reibungslose Funktionieren einer »perfekten« Arbeits- und Konsumwelt zu sichern. Das Motto des Weltstaates, »Kollektivität, Identität, Stabilität«, konterkariert die bürgerlichen Werte der aus der französischen Revolution hervorgegangenen Losung »Freiheit, Gleichheit, Brüderlichkeit« und zeigt an, dass die Freiheit dem allgemeinen »Glück« geopfert wurde.

Die für mich selbst – mit Anfang zwanzig – naheliegende Identifikationsfigur des Romans war Bernard Marx.[6] Innerhalb des Kastensystems der »schönen« neuen Welt rangiert Mr Marx auf Alpha-Minus-Niveau. Das heißt, es gibt keine künstlich erzeugten Viellinge – bzw. neudeutsch: Klone – von ihm und seine Embryonalentwicklung wurde nicht bewusst biochemisch

---

6 In der alten Übersetzung von 1932 wurde nicht nur der Haupthandlungsstrang von London nach Berlin verlegt, sondern es wurden auch die Namen der Figuren abgewandelt. Ich verwende hier die englischen Originalnamen, die auch in der Neuübersetzung von 2013 benutzt werden.

gehemmt. Bei den Föten der niederen Kasten, aus denen einmal Epsilons, Deltas und Gammas werden sollen – die auch bei stupiden Arbeiten anhaltend glücklich sind –, wird dies mithilfe eines gezielten Zusatzes oder Entzugs von Substanzen getan.

In Bezug auf Bernard Marx hält sich allerdings das hartnäckige Gerücht, es sei versehentlich etwas Alkohol in das Fruchtwasser seiner künstlichen Gebärmutter geschüttet worden. Daraus würden sich seine – im Vergleich zum Alpha-Standard – etwas niedrigere Körpergröße und sein sehr unorthodoxes, eigenbrötlerisches Sozialverhalten erklären. Bernard ist in Lenina verliebt, eine offenbar hübsche und äußerst »pneumatische« (sprich: vor allem vollbusige) Beta-Frau. Beide arbeiten im »City-Brüter und Konditionierungscenter« eines um mehrere Jahrhunderte in die Zukunft versetzten London. Solche Center gibt es auf der ganzen Welt: In ihnen wird der menschliche Nachwuchs komplett künstlich erzeugt und kontrolliert unter großindustriellen Bedingungen aufgezogen. Nach ihrer »Entkorkung« wachsen die Kleinkinder elternlos, aber liebevoll versorgt auf und werden perfekt für ihre spätere gesellschaftliche Funktion abgerichtet.

Daher ist auch Lenina rundweg korrekt normiert, angepasst und glücklich. Von ihrer besten Freundin Fanny wird sie allerdings kritisiert, da sie bereits seit mehreren Wochen nur noch mit Henry aus- und schlafen geht. So lange ausschließlich mit ein und demselben Mann zu kopulieren, schickt sich überhaupt nicht! Lenina lässt sich daher auf eine Verabredung mit Bernard ein, dessen Kleinwuchsigkeit sie nicht abstoßend, sondern niedlich findet. Sie schauen sich zusammen einen überaus trivialen »Fühlfilm« an, der in einem riesigen öffentlichen Fühlkino gezeigt wird. Aber das erste Date scheitert kläglich, da Bernard von der Oberflächlichkeit des Films und von Leninas direkter Anmache verstimmt ist. Bernard heult sich am nächsten Tag bei seinem einzigen Freund – dem gleichfalls etwas eigensinnigen Helmholtz Watson – aus.

Trotz der gescheiterten Annäherung an Bernard ringt sich Lenina nur kurze Zeit später dazu durch, eine Einladung von ihm zu einem exklusiven Urlaub in New Mexico anzunehmen:

Mit einer Sondergenehmigung, die Bernard zu Forschungszwecken erhalten hat, können sie dort ein von der »zivilisierten« Welt total abgeschottetes Indianerreservat besuchen. Die Menschen leben in dem Reservat unter den natürlichen Bedingungen einer indigenen Stammeskultur auf der Basis einer einfachen Subsistenzwirtschaft. Ein Übertritt in die Außenwelt ist den »Wilden« nicht möglich. Aufgrund der militärischen Überlegenheit der Außenweltler werden deren seltene Besucher untertänig empfangen und können sich weitgehend gefahrlos im Reservat bewegen.

Lenina ist schockiert und angeekelt von den dortigen Zuständen. Es gibt kranke, hässliche und erkennbar gealterte Menschen, viel Dreck, brutale Rituale – und was am schlimmsten ist: Es gibt natürliche Eltern, Schwangerschaften im Mutterleib und Geburten. Dass es so etwas noch geben kann, empfindet Lenina als geradezu unglaublich und absolut widerlich!

Dem Außenwelt-Paar begegnet ein junger, attraktiver »Wilder«, der – im Gegensatz zu den anderen Eingeborenen – ihre Sprache spricht: ein sich zwar absonderlich anhörendes, aber doch halbwegs verständliches Englisch. Wie sich später herausstellt, hat er seine Sprachkenntnisse vor allem autodidaktisch erworben, indem er jahrelang ein uraltes Buch eines in der Außenwelt schon lange vergessenen Autors namens Shakespeare studiert hat. John – so ist der Name des jungen Mannes – hat eine »Mutter«! Allein das Wort klingt für »Zivilisierte« so frivol, dass es kaum ausgesprochen werden kann. Bernard kombiniert – aufgrund persönlicher Vorkenntnisse –, dass Johns Mutter Linda, trotz ihres inzwischen sehr unansehnlichen Äußeren, eine rund zwanzig Jahre zuvor im Reservat verschollene Beta-Frau aus London sein muss, die von Bernards Chef – dem Direktor des City-Brüter und Konditionierungscenter London, dem DCK – versehentlich geschwängert und in dem Reservat zurückgelassen wurde. Der Fall ist enorm spektakulär und forschungsrelevant. Es gelingt Bernard daher, den »Weltbereichscontroller Westeuropa«, Mustapha Mond, telefonisch davon zu überzeugen, John und Linda nach London mitbringen zu dürfen.

Bei der Rückkehr an seine Arbeitsstelle provoziert Bernard dann einen riesigen Eklat: Der DCK war gerade dabei, öffentlich die Strafversetzung von Mr Marx nach Island zu verkünden, als dieser hinzukommt und ihm seinen Sohn präsentiert. John fällt vor dem DCK auf die Knie und nennt ihn »Vater!«. Das ist nicht nur obszön, sondern wirkt auf die Retorten-Menschen unfassbar lächerlich. Das Publikum kann sich nicht mehr halten und bricht in ein allgemeines Johlen und Wiehern aus. Die Karriere des DCK findet durch diesen Vorfall ihr verfrühtes Ende. Bernard steigt dagegen kurzzeitig zum Star aller Partys der höheren Kasten Londons auf.

Der »Wilde« wird jetzt Mr Savage genannt und ist die absolute Attraktion der High Society. Als sein »Freund« und ständiger Begleiter ermöglicht Bernard exklusiv den persönlichen Kontakt zu diesem eigentümlichsten Bewohner der gesamten »zivilisierten« Welt. Bernard genießt seinen neuen Status in vollen Zügen: Er ist jetzt plötzlich kein gemiedener Außenseiter mehr, sondern der Mittelpunkt der gesellschaftlichen Aufmerksamkeit und ein allseits begehrter Sexualpartner.

Johns Mutter Linda will hingegen niemand sehen. Ihre Hässlichkeit ist eine unerträgliche Zumutung für die schönen Menschen der neuen Welt und so zieht sie sich, mithilfe eines ärztlich kontrollierten Dauerrausches, in sich selbst zurück. Dabei konsumiert sie kontinuierlich ein Übermaß der allgemein gebräuchlichen Droge »Soma«. Das Mittel ist eine staatlich verteilte, legale Substanz, die schwach dosiert als Stimmungsheber und stark dosiert als Halluzinogen wirkt. Nach einigen Monaten naht – aufgrund ihres Drogenmissbrauchs – Lindas absehbar gewesener, verfrühter Tod, den niemand außer John bedauert. Sie wird in ein Hospiz eingeliefert. Dabei handelt es sich um eine fröhliche Einrichtung, in der Kinder auf die Normalität des Todes getrimmt werden. John hängt aber noch so stark an seiner Mutter, dass er meint, sie retten zu müssen. Über die Vergeblichkeit dieses Wunsches total frustriert, wird er schließlich im Hospiz handgreiflich: Er schlägt eines der Kinder und beim Verlassen des Gebäudes versucht er gar, eine

Gruppe von Delta-Arbeitern bei ihrer täglichen Soma-Ausgabe zu stören und aufzuwiegeln.

Es kommt zu einer Schlägerei zwischen John und den Arbeitern. Seine gerade hinzukommenden vermeintlichen Freunde – Helmholtz Watson und Bernard Marx – werden hierin verwickelt, sodass sie gemeinsam von Sicherheitskräften abgeführt werden müssen. Anschließend werden sie einem Gespräch mit dem Weltbereichscontroller Westeuropa zugeführt. Der hoch gebildete, auch mit der verbotenen alten Literatur vertraute Mustapha Mond (ein Alpha-Plus-Plus) versucht dabei, den drei Sonderlingen ihre persönliche Lage zu erklären. Er möchte ihnen insbesondere den Kontext der historisch – zur Rettung der Menschheit – unausweichlich gewesenen Errichtung der »Schönen Neuen Welt« intellektuell nahebringen. Dabei gesteht er sogar ein, dass er selbst als junger Mann abweichendes Verhalten an den Tag gelegt hat und sich zwischen freier Wissenschaft in der Verbannung und der Wahrung von Glück und Stabilität für alle entscheiden musste. Während Bernard und Helmholtz auf abgelegene Inseln ihrer Wahl verbannt werden, soll John zunächst noch – zur weiteren Beobachtung – in London verbleiben.

Leider hat sich aber John mittlerweile ernsthaft in Lenina verliebt. Als er ihr seine Gefühle offenbart, zieht sie sich vor ihm aus, woraufhin er einen Tobsuchtsanfall erleidet, sie schlägt und als »Metze« bezeichnet. Anschließend zieht sich John freiwillig in einen verlassenen Leuchtturm in der Nähe Londons zurück. Er will dort als Eremit leben. Das Finale des Romans zitiere ich aus der entsprechenden Wikipedia-Darstellung:

> »In der Einsamkeit befällt ihn ein Verlangen nach Lenina, für das er durch Selbstgeißelung büßen möchte, ein Ritual, das er aus seinem Leben im Reservat kennt. Einige Delta-Minus-Landarbeiter beobachten ihn dabei und berichten der Presse von seinem merkwürdigen Verhalten. John wird heimlich gefilmt. In der Folge belagern Horden von Schaulustigen sein Haus und fordern ihn auf, sich zu geißeln.

Auch Henry und Lenina besuchen mit Henrys privatem Helikopter das Spektakel. Lenina möchte John zur Begrüßung umarmen. John verliert aus Zorn die Kontrolle über sich und stürzt sich mit der Geißel auf sie. Henry bringt sich im Helikopter in Sicherheit und lässt Lenina zurück. Die Umstehenden missverstehen Johns aggressives Verhalten als orgiastische Ausschweifung und folgen dem Muster, das ihnen eingeprägt wurde: Sie beginnen zu singen, zu tanzen und sexuell aktiv zu werden. John schließt sich in seinem Wahn der Gruppe an. Als er am nächsten Morgen aufwacht, überkommt ihn bei der Erinnerung blankes Entsetzen und er erhängt sich.«[7]

---

[7] *https://de.wikipedia.org/wiki/Schöne_neue_Welt* (Abschnitt »Inhalt« letzter Absatz, abgerufen am 23.01.2016).

2.2 Vom normierten »Glück« zum buddhistisch inspirierten »Eiland«

Aldous Huxley wurde 1894 als Spross einer englischen Intellektuellen-Familie geboren, die mehrere namhafte Schriftsteller und Naturwissenschaftler hervorbrachte. Bereits den Ersten Weltkrieg erlebte er folglich als erwachsener junger Mann, musste aber – aufgrund eines schweren Augenleidens – nicht in der Armee dienen.

Huxley wurde früh zum professionellen Schriftsteller; er veröffentlichte 1916 sein erstes Buch. Zum Zeitpunkt der Veröffentlichung von »Brave New World« im Jahr 1932 war er – mit Ende dreißig – ein in England weithin bekannter und gut etablierter Kritiker, Satiriker und Romancier.[8]

Der Roman entstand einerseits vor dem Hintergrund des bis dahin größten Massenvernichtungskrieges der Menschheitsgeschichte, in dessen Verlauf zwischen 1914 und 1918 rund 17 Millionen Tote zu beklagen waren. Andererseits kannte Huxley das Leben in den »Roaring Twenties« in den USA, das bereits von einer Frühform der extrem wachstumsorientierten industriellen Massenproduktion geprägt war. Aus dieser Massenproduktion nach Ford'schem Muster resultierte schon damals eine kontinuierliche Überschussproduktion und die sich hieraus ergebende Notwendigkeit eines ständig zu erhöhenden Produktabsatzes und -konsums. Mit der Weltwirtschaftskrise brach dieses System ab 1929 zunächst einmal in sich zusammen und die am politischen Horizont von Osten her drohend aufziehenden dunklen Wolken des Despotismus kündigten noch größere Katastrophen an. In dieser Situation schuf Huxley sein zynisch-sarkastisches, an der Vernunft der Menschen zweifelndes Bild der »Schönen Neuen Welt«, das die krankhaften gesellschaftlichen Züge seiner Gegenwart in die langfristige Zukunft zu verlängern suchte.

---

8 Vgl. *https://de.wikipedia.org/wiki/Aldous_Huxley* (abgerufen am 23.01.2016).

Die Verhinderung eines zweiten Weltkrieges dürfte für politisch klarsichtige und gut informierte Zeitgenossen um 1937 herum nur noch durch ein Wunder möglich gewesen sein. Aldous Huxley kehrte zu diesem Zeitpunkt Europa den Rücken und wanderte nach Kalifornien aus.

Dort veränderte er sich schnell und grundlegend: Aus dem distanziert skeptischen Realisten und offenbar zum Sarkasmus neigenden Satiriker wurde ein mitfühlender, buddhistisch inspirierter Menschenfreund, der trotz all der tatsächlichen Gräueltaten auf Besserung für uns hofft. Deutlich wird dies bereits 1946 in dem Vorwort einer Neuauflage von »Brave New World«:

»Wollte ich das Buch heute noch einmal schreiben, würde ich dem Wilden einen dritten Weg bieten. Zwischen den Hörnern seines Dilemmas, dem utopischen und dem primitiven, läge die Chance zur Vernunft – und die Alternative wäre überdies von einer Gemeinschaft Exilierter und Flüchtlinge aus der *Schönen Neuen Welt* innerhalb der Grenzen des Reservats bereits in Grundzügen verwirklicht. Ökonomisch wäre ihre Gemeinschaft dezentral und an den Vorstellungen Henry Georges orientiert, politisch kropotkinesk und kooperativ. Wissenschaft und Technik würden so genutzt, als wären sie wie die Sabbatruhe für die Menschen gemacht und nicht (wie gegenwärtig und noch mehr in der *Schönen Neuen Welt*), als müssten diese ihnen angepasst und versklavt werden. Religion wäre die gezielte und intelligente Erforschung des Letzten Sinn und Zweck menschlichen Daseins, die Uranfängliche Einheit und Immanenz des Tao beziehungsweise die Gesamtsicht des Logos, göttliche Transzendenz beziehungsweise Brahman. Und die herrschende Lebensphilosophie wäre eine Art Hochutilitarismus, der das Prinzip des Größten Glücks dem Prinzip des Letzten Sinn und Zwecks unterordnete, nach dem vordringlich in jeder Lebenslage so zu fragen und zu antworten wäre: ›Wie wird dieser Gedanke, diese Tat den von mir und der größtmöglichen Zahl anderer zu erlangenden Letzten Sinn und Zweck fördern oder behindern?‹ «[9]

Kurz vor seinem Tod schuf Huxley dann tatsächlich dieses schon hier anvisierte Gegenstück einer positiven Utopie mit dem Roman »Island«, der 1962 erschien.[10] Interessant ist bereits die formale Konstruktion des Werkes: Es handelt sich nicht um einen Zukunftsroman, sondern Huxley kehrt mit seinem Eiland zur Figur einer in der Gegenwart angesiedelten Raum-Utopie zurück. Der namensgebende Prototyp aller modernen Utopien – Thomas Morus' »Utopia« von 1516 – war ähnlich konstruiert und als Reisebericht über eine entfernte, frei erfundene Inselwelt angelegt.

Das Szenario von Huxleys positiver Utopie nimmt an, dass es den schottischen Arzt Dr. MacPhail – in der Mitte des 19. Jahrhunderts – auf die weitgehend abgeschottete, fiktive Südsee-Insel »Pala« verschlagen hatte. Der Herrscher der dortigen, vom Mahayana-Buddhismus geprägten Inselgesellschaft – der Radscha – war dem Tod näher als dem Leben: Er litt an einem großen Gesichtstumor. Dr. MacPhail gelang es mit einem sehr gewagten chirurgischen Eingriff, den Tumor zu entfernen und den Radscha zu retten. In Ermangelung anderer Möglichkeiten musste die Operation unter einer hypnotischen Anästhesie sowie unter septischen Bedingungen stattfinden. Es erstaunte den Arzt selbst zutiefst, dass ihm sein Eingriff – nach einem wochenlangen, vorbereitenden Training sowie einer körperlichen Stärkung des Patienten – schmerz- und infektionsfrei glückte.

Aus der Rettung resultierte eine innige, lebenslange Freundschaft zwischen Herrscher und Arzt, die zu einer intensiven Zusammenarbeit der beiden Männer führte. Der Arzt wurde auf Pala ansässig und auf der Basis einer gleichberechtigten,

---

9 Aldous **Huxley**: **Schöne Neue Welt**. Neuübersetzung. Frankfurt am Main 2013: 345f.

10 Vgl. die deutsche Übersetzung aus dem Jahr 1973: Aldous **Huxley**: **Eiland**. München/Berlin 2015 (Taschenbuchausgabe).

wechselseitigen geistigen Befruchtung entwickelten Dr. MacPhail und der Radscha die Basis einer praktischen Synthese von moderner Wissenschaftlichkeit, selektivem technischen Fortschritt und buddhistisch inspirierter Erfahrungsspiritualität.

Gut hundert Jahre später – also zur Zeit der Abfassung des Romans – entdeckt ein britischer Journalist die Früchte dieser weltweit einzigartigen wissenschaftlich-buddhistischen Reformation von Pala: Die etwa eine Million Inselbewohner haben es geschafft, eine völlig neuartige Kultur zu entfalten, die »das Beste beider Welten« – der westlichen und der ostasiatischen – integriert und praktisch nutzt. Als tragende Säulen lassen sich die folgenden gesellschaftlichen und kulturellen Aspekte identifizieren:

- Eine moderne, effiziente und anhaltend sichere Lebensmittel-Überschussproduktion – von der alle Inselbewohner gut leben können – führte, zusammen mit einem allgemein stark erhöhten Bildungsstandard, kostenlosen Verhütungsmitteln und einer bescheidenen, aber lückenlosen Alterssicherung, zu einem schnellen und vor allem freiwilligen Absinken der überhöhten Geburtenraten und erlaubte so in eine langfristig stabilisierte Bevölkerungsentwicklung.

- Die Vermeidung staatlicher Luxus- und Prestigeprojekte sowie ein totaler Verzicht auf Militärausgaben ermöglichten eine anhaltend gedeihliche ökonomische Entwicklung, auf deren Basis es der kleinen Insel früh gelang, komplett selbstbestimmte Außenhandelsbeziehungen zu entfalten. Große multinationale Konzerne und andere fremde Mächte spielen bei diesen Geschäften keine Rolle. Pala importiert – mithilfe von Exporten seiner Lebensmittelüberschüsse und einer selbst gesteuerten moderaten Ressourcengewinnung – nur ein Minimum an essenziell für nötig erachteten, westlichen Industriegütern.

- Dagegen gibt es einen exzessiven Wissensimport: Aufgrund der guten ökonomischen Lage und der Etablierung einer allgemeinen Zweisprachigkeit (lokales »Palanesisch« und Englisch) wird ein effektiver Wissenstransfer auf höchstem und aktuellem Niveau gewährleistet. Wissenschaftlich besonders begabten jungen Menschen werden Stipendien für Auslandsstudien gewährt. Nach ihrer Rückkehr auf die Insel können sie ihr neu erworbenes Wissen – ohne Sprachbarriere – verlustfrei verbreiten.

- Im Unterschied zu dem gleichgewichtigen internationalen Güteraustausch und dem einseitigen Wissensimport besteht eine vollständige Kontrolle des grenzüberschreitenden Personenverkehrs, die eine kulturelle Abschottung der Insel erlaubt.

- Auf diese Weise konnte es – in Übereinstimmung mit den buddhistischen Traditionen – gelingen, das allgemeine Lebensziel eines kontinuierlichen geistig-seelisch-spirituellen Wachstums zu bewahren, zu vertiefen und sogar zu verwissenschaftlichen. Diese kulturelle Grundorientierung der Entfaltung einer verfeinerten und verbreiteten göttlichen Immanenz grenzt sich scharf vom westlich-globalisierten Maßstab einer individuellen Anhäufung äußerlicher Reichtümer ab.

- Die politischen Strukturen der Insel sind stark dezentral angelegt und demokratisch ausgebildet. Die Wirtschaft arbeitet hauptsächlich auf der Grundlage freiwilliger genossenschaftlicher Kooperationen ohne das Interesse an einer Gewinnmaximierung.

- Dem palanesischen Bildungswesen kommt eine besondere Bedeutung zu: Es gründet sich auf einen spirituell vertieften, reformpädagogischen Ansatz.

Insgesamt ist der Roman stilistisch gesehen spannungsarm und dialoglastig, wodurch er nicht so leicht zugänglich ist wie die »Schöne Neue Welt«. Exemplarisch lässt sich dies an einem Zitat zeigen, in dem der Protagonist – der Pala erkundende britische Journalist Will Farnaby – mit dem »Unterstaatssekretär im Unterrichtsministerium« von Pala, Mr Menon, und der »Vorsteherin« einer Schule, Mrs Narayan, diskutiert:

> »›Psychologie, Mendelismus, Evolution – eure Bildungsmethoden scheinen mir biologisches Übergewicht zu haben.‹
> ›Das haben sie allerdings‹, pflichtete Mr Menon ihm bei. ›Wir legen besonderen Nachdruck auf die lebenswichtigen Wissenschaften, nicht auf Physik und Chemie.‹
> ›Ist das eine prinzipielle Einstellung?‹
> ›Nicht ganz. Es ergibt sich einfach so, auch aus wirtschaftlichen Gründen. Wir haben nicht die Mittel für großangelegte Forschungen auf dem Gebiet der Physik und Chemie, und wir brauchen sie auch nicht – wir haben keine Schwerindustrie, die konkurrenzfähig gemacht, keine Rüstungen, die diabolischer gestaltet werden müssten, und auch nicht die geringste Lust, auf der Rückseite des Mondes zu landen. Nur den bescheidenen Ehrgeiz, als vollentwickelte menschliche Wesen in Harmonie mit allem übrigen Leben auf dieser Insel dieses Breitengrades und dieses Planeten zu leben. Wir können die Ergebnisse eurer Forschungen in der Physik und Chemie übernehmen und sie, wenn wir das wollen oder es uns leisten können, für unsere eigenen Zwecke verwenden. Unterdessen werden wir uns auf die Forschungen konzentrieren, die uns die besten Ergebnisse versprechen – in den Wissenschaften des Lebens und des Geistes. Wenn die Politiker in den kürzlich unabhängig gewordenen Ländern vernünftig wären‹, setzte er hinzu, ›würden sie ein Gleiches tun. Aber sie wollen imponieren; sie wollen eine Armee haben, sie wollen die motorisierten Fernsehsüchtigen von Amerika und Europa einholen. Ihr draußen habt keine Wahl‹, fuhr er fort. ›Ihr habt euch unrettbar der angewandten Physik und Chemie verschrieben, mit all den

trübseligen Folgeerscheinungen in militärischer, politischer und sozialer Hinsicht. Aber die unterentwickelten Länder haben sich noch nicht festgelegt. Sie brauchen nicht unbedingt eurem Beispiel folgen. Es steht ihnen immer noch frei, den Weg einzuschlagen, den wir gegangen sind – den Weg angewandter Biologie, Geburtenbeschränkung und die begrenzte Produktion und Industrialisierung, die eben durch Geburtenbeschränkung möglich ist; der Weg, der von innen heraus zum Glücklichsein führt, durch Gesundheit, Gewahrsein, durch eine veränderte Einstellung der Welt gegenüber; nicht durch die Fata Morgana eines Glücklichseins von außen nach innen, durch Spielzeug und Pillen und Zerstreuungen am Fließband. Wie gesagt, sie können immer noch den Weg wählen, den wir gegangen sind; aber das wollen sie nicht, sie wollen es genauso machen wie ihr, dass Gott erbarm. Und da ihnen das nicht gelingen wird – zumindest in der Zeitspanne, die sie sich gesetzt haben –, ist ein jedes zu Frustrationen und Enttäuschungen vorbestimmt, dazu prädestiniert, in das Elend zerrütteter sozialer Verhältnisse und in Anarchie und zuletzt in die Sklaverei unter einem Diktator zu versinken. Eine völlig vorhersehbare Tragödie, der sie offenen Auges entgegengehn.‹

›Und von unsrer Seite lässt sich nichts dagegen unternehmen‹, setzte die Vorsteherin hinzu.

›Nichts‹, sagte Mr Menon, ›außer unbeirrt weiter das zu tun, was wir eben tun, und wider alle Vernunft zu hoffen, dass unser Beispiel als das einer Nation, welche eine Lebensweise gefunden hat, die die Menschen glücklich macht, nachgeahmt werde. Es scheint wenig Aussicht darauf zu bestehn; aber vielleicht geschieht es doch.‹«[11]

Am Ende seines Romans lässt Huxley das palanesische Sozialexperiment scheitern: Die Nachkommen des reformatorischen »Alten Radschas« sind von westlichen Kulturwerten beeinflusst. Mit einer intriganten Politik gelingt es ihnen, ein Bündnis

---

11 Huxley: Eiland a. a. O.: 253f (an die aktuelle Rechtschreibung angepasst).

mit dem Diktator der Nachbarinsel zu schmieden und Pala von dessen Truppen militärisch besetzen zu lassen, um so die Rechte der palanesischen Rohstoffgewinnung an den international Meistbietenden verkaufen zu können. Den entschlossenen Aggressoren kann die Inselgesellschaft – aufgrund ihres radikalen Pazifismus – keinerlei effektiven Widerstand entgegensetzen.

Trotzdem gibt es in Huxleys letztem Roman – im Gegensatz zur »Schönen Neuen Welt« – einen Hoffnungsschimmer: Kurz vor seinem Tod deutet der Autor an, dass eine kollektive Harmonisierung einzig und allein aus der inneren und eigenmotivierten seelischen Befriedung der einzelnen Menschen erwachsen kann![12]

---

12 Vgl. Huxley: Eiland a. a. O.: 315ff. Auf den letzten Seiten des Buches schildert Huxley sehr ausführlich ein – durch die fiktive »*moksha*-Medizin« induziertes – spirituelles Vereinigungserlebnis: Dabei wird die alltägliche menschliche Wahrnehmung als ein winziger Splitter der allumfassenden göttlichen Wahrnehmung erlebt. Das normale menschliche Bewusstsein – unsere persönlich begrenzte Bewusstheit – kann üblicherweise nur den eigenen Körper und unsere direkte raumzeitliche Umgebung sinnlich erfassen sowie den körperlich gebundenen Intellekt registrieren und dabei Bruchstücke der individuellen Geschichte und des Erlernten erinnern. Es ist gewiss ein verschwindend kleiner Teil des kósmischen Ganzen, der auf diese Weise in unserem individuellen Bewusstsein präsent ist! Vorübergehend aber kann dieser jeweils persönlich geprägte menschliche *Bewusstseinssplitter* quasi explodieren und in einem Moment ohne Raum und ohne Zeit einen Hauch der pantheistischen Totalen erfahren! Zurückgekehrt ins Hier-und-Jetzt ist ein derart transformierter Mensch nur noch dazu fähig, tiefe friedvolle Ehrfurcht zu empfinden und vor allem zu praktizieren.

3. Ausgewählte moderne Utopien der sozialen Revolution
Das Ende der modernen Utopien?
Teil 1

3.1 Einleitung

Die Geschichte der Menschheit wird offenbar stark von sich überlagernden Zyklen geprägt. Im längerfristigen Rückblick vergröbert sich das Bild und dominante Zeitströmungen werden zu historischen Perioden oder gar Epochen erklärt, denen ein Name und damit ein Stempel aufgedrückt wird. In diesen wechselhaften Kontexten des Zeitgeistes bewegen sich auch die jeweils populären Utopien und schwanken zwischen den Extremen eines überbordenden Optimismus und eines abgrundtiefen Pessimismus.

Zwischen dem 16. und dem 19. Jahrhundert hatten sich Utopien als eigenständiges belletristisches Genre entwickelt. Utopische Romane galten in dieser Frühphase der Neuzeit allgemein zumeist einfach als das, was sie waren: fiktive und mehr oder weniger unterhaltsame Geschichten, die ihre Leser zum kritischen Nachdenken über die tatsächlich zu ihrer Zeit gegebenen gesellschaftlichen Verhältnisse anregen sollten.[13] Im 19. Jahrhundert und insbesondere in der sogenannten »Belle Époque« – der rund 30-jährigen Boomzeit vor dem Ersten Weltkrieg – veränderte sich die Situation grundlegend.

Der Aufstieg des Bürgertums und seiner kapitalistischen Unternehmerschicht zur treibenden gesellschaftlichen Kraft hob die alte Ordnung in Europa endgültig aus ihren aristokratischen Angeln: Er führte einerseits zu – für die damaligen Zeit-

---

13 Primär folge ich hier mit den anschließenden Absätzen sowie mit dem eingefügten Zitat der Darstellung von Schölderle a. a. O., vgl. vor allem das Kapitel »VI. Sozialismus und Utopie im 19. Jahrhundert«: 113ff. Siehe ferner die unten eingefügten kurzen Brockhaus-Artikel zu »Kommunismus« und »Marxismus« oder vgl. für weiterführende Literaturhinweise die entsprechenden Stichworte unter https://de.wikipedia.org/wiki/.

genossen – geradezu unglaublichen technischen Fortschritten und einem nie gekannten Reichtum des neuen Geldadels der Bourgeoisie sowie andererseits gleichzeitig zu einer sich verbreitenden und sogar vertiefenden Verelendung der körperlich arbeitenden, breiten Masse der Bevölkerung. Die unüberbrückbar wirkenden Kontraste dieser Zeit beflügelten die Fantasien der Schriftsteller auf eine gänzlich neue Art und Weise: Es kam zu einer Vermischung des utopischen Denkens mit sozial motivierten Reform- oder Revolutionsprogrammen, deren reale Umsetzung greifbar nahe erschien. Thomas Schölderle beschreibt diese Veränderung folgendermaßen:

> »›Eine Weltkarte, in der das Land Utopia nicht verzeichnet ist, verdient keinen Blick, denn sie lässt die eine Küste aus, wo die Menschheit ewig landen wird. Und wenn die Menschheit da angelangt ist, hält sie Umschau nach einem besseren Land und richtet ihre Segel dahin. Der Fortschritt ist die Verwirklichung von Utopien‹ [...] Dieses viel zitierte Diktum aus der Feder von Oscar Wilde, niedergeschrieben im ausgehenden 19. Jahrhundert, ist einerseits für den Geist der Utopie dieser Epoche exemplarisch, denn die alternativen Szenarien ruhen nun fast durchweg auf einer euphorischen Fortschritts- und Technikgläubigkeit, wie sie dem Utopiediskurs bis dahin unbekannt waren. Andererseits ist das Diktum untypisch, denn in Oscar Wildes Ausspruch ist der Begriff Utopie in einem Maße positiv konnotiert, wie er sich sonst kaum noch irgendwo findet. Das zunehmend pejorative Utopieverständnis hat seine Ursache dabei weitgehend in erstgenannter Entwicklung: Gerade weil die alternativen Entwürfe nun zunehmend auf der Zeitachse erreichbar scheinen und weil sie als realisierbare Zwischenstufen innerhalb eines historischen Prozesses begriffen werden, gerade deshalb will kein Utopist mehr als ein solcher im ursprünglichen Wortsinn gelten. Auffallend ist zudem, dass die Zuordnung zur Utopie nun fast ausschließlich auf Fremdeinschätzungen ruht. Nicht mehr der offene bis versteckte Hinweis auf Morus' *Utopia* oder die

bewusste Anknüpfung an Traditionsstränge der Utopie, sondern der von außen an die Modelle herangetragene Utopie-Vorwurf bestimmt die Verwendung des Begriffs.«[14]

---

14 Schölderle a. a. O.: 113 (die eckige Klammer kennzeichnet eine ausgelassene Fußnote).

3.2 Radikal-sozialer Fortschritt als kommunistische Utopie

Die radikaleren sozialrevolutionären Kräfte des späten 19. Jahrhunderts bezogen sich verstärkt auf die elaborierten theoretischen Konstrukte von Karl Marx und Friedrich Engels. Sie hielten es daher für wissenschaftlich ausgemacht, dass sie sich historisch auf der Gewinnerseite bewegen, und verstanden sich selbst als eine kommunistische Avantgarde: dazu auserwählt, die zur zukünftigen Herrschaft vorbestimmte Arbeiterklasse anzuführen. Es galt, diesen »Massen« voranzuschreiten, um ihnen den Ausweg aus dem bedrückenden Elend ihres Dasein zeigen zu können. Dabei meinten die Kommunisten, am Horizont schon das helle Licht einer ausbeutungsfreien und klassenlosen Gesellschaft zu erkennen.

Diese »materialistisch« gewendeten und in die Gegenwart aktueller politischer Konflikte hineingezogenen Heilsvorstellungen bezogen ihre gesellschaftliche Sprengkraft zum Gutteil eben gerade aus ihrer vermeintlich wissenschaftlichen Fundierung heraus. Von daher mussten sich ihre Vertreter besonders scharf vom bloßen Wunschdenken traditioneller Utopisten abgrenzen. Der Begriff erhielt vor diesem Hintergrund mehr als nur eine negative Färbung; er verkam geradezu zu einem Schimpfwort der kommunistischen Klassenkämpfer für linksanarchistische »Abweichler«, dekadent-bürgerliche Literaten und sonstige »Spinner«.

Die frühen Kommunisten sahen sich als radikale und gut organisierte Vorkämpfer in einem historisch als unumgänglich und gerecht empfundenen, weltweiten Krieg der gesellschaftlichen Klassen. Dabei begriffen sie ihre Weltanschauung als eine mechanistische Wissenschaft, die ihnen die Macht und sogar den Auftrag verlieh, die Geschichte der Menschheit – zum Wohle aller – endlich »bewusst« zu gestalten. Es existierte in dieser Traditionslinie allerdings quasi ein »Bilderverbot« der ins Diesseits verlagerten finalen Erlösung: Das für die nahe Zukunft erwartete irdische Paradies des Kommunismus dürfte nicht konkret beschrieben werden! Im Hauptstrom der marxistisch inspirierten Kräfte finden sich folglich kaum literarisch ausgearbeitete Geschichten, die das ersehnte Telos, das für zwangsläufig erreichbar gehaltene, harmonische Endziel aller Gesellschaftsveränderungen konkret illustrieren würden.

Eine seltene Ausnahme stellt der Roman »Der rote Planet« von Alexander A. Bogdanow aus dem Jahr 1907/1908 dar.[15] Bogdanow war ein Arzt, der sich als wissenschaftlich gebildeter, führender russischer Revolutionär den letztlich siegreichen Bolschewiki anschloss. Trotz ideologischer Differenzen mit Wladimir I. Lenin war Bogdanow in der jungen Sowjetunion als Professor und Institutsdirektor gut etabliert. Er starb im Jahr 1928 – im Alter von 54 Jahren – bei einem wissenschaftlichen Selbstversuch: einer Bluttransfusion, die als eine Art Jungbrunnen wirken sollte.[16]

Von heute aus gesehen, erweckt der als Science-Fiction angelegte Roman Erinnerungen an die Erzählungen von Jules Verne, nur eben politisch ausgerichtet. Die Handlung – oder neudeutsch: der Plot der Fiktion – lässt sich folgendermaßen umreißen: Der Ich-Erzähler ist ein junger, russischer Wissenschaftler. Als treuer »Parteiarbeiter« war er an den bis dahin gescheiterten kommunistischen Aufständen beteiligt. Er wird nun von ihm wohlgesonnenen, sehr menschenähnlichen Mars-Bewohnern – die ihre übergroßen Augen unter Gesichtsmasken verstecken – eingeladen. Der irdische Wissenschaftler darf die marsianische Welt einer sozial perfekt »organisierten Ordnung« besichtigen. Seine Aufgabe soll darin bestehen, in Zukunft als inoffizieller Botschafter der Erdlinge und Verbindungsmann zur marsianischen Gesellschaft zu dienen.

---

15 Ich beziehe mich hier auf einen aktuellen Nachdruck des Nexx Verlages, der das Original auf 1907 datiert. Alexander A. **Bogdanow: Der rote Planet**. Villingen-Schwenningen 2014. Direkt online findet sich der auf 1908 datierte Volltext in einer etwas anderen Übersetzung unter: *http://nemesis.marxists.org/bogdanow-der-rote-planet1.htm* (abgerufen am 28.02.2016, siehe auch die folgende Fußnote 19).

16 Vgl. *https://de.wikipedia.org/wiki/Alexander_Alexandrowitsch_Bogdanow* (abgerufen am 02.04.2016).

Der wissenschaftlich-technologische Entwicklungsstand der »Marsmenschen« ist dem der »Erdenmenschen« nur um wenige Jahrhunderte voraus. Die Marsianer hoffen daher, dass der von ihnen auserwählte Erdling in der Lage sein wird, ihren Alltag und ihre spezifische historische Problemlage zu verstehen. Nach einer für ihn über alle Maßen interessanten und persönlich sehr ereignisreichen Forschungsreise zur Erkundung der technisch überlegenen, kommunistischen Mars-Gesellschaft findet sich der Ich-Erzähler schließlich in einer irdischen Nervenklinik wieder.

Erzähltechnisch besitzt diese Konstruktion zweifellos einen Reiz. Das schmale Buch hat insgesamt weniger als 200 Seiten. Es liest sich sehr leicht und ist unterhaltsam, da es einige spannungsreiche Elemente aufzuweisen hat: Während seines Aufenthaltes auf dem Nachbarplaneten verliebt sich der Protagonist in eine marsianische Ärztin und ermordet schließlich sogar deren Ex-Mann. Der Autor zeigt, dass er wissenschaftlich auf der Höhe seiner Zeit war. Mit vielen einfallsreichen Details verlängert er den ihm bekannten technischen Fortschritt, um die Vision einer überlegenen Zivilisation auszumalen. Ganz am Schluss der Handlung erfährt sein Ich-Erzähler sogar noch seine persönliche Erlösung: Es zeigt sich, dass er doch nicht dem Wahnsinn verfallen war, sondern seine interplanetarische Reise tatsächlich erlebt hat.

Jenseits der Romanhandlung ging es Bogdanow im Kern natürlich darum, seine Vision einer kommunistischen Ordnung konkret zu veranschaulichen.[17] Interessanterweise handelt es sich dabei keineswegs um ein Gleichgewichtssystem. Lediglich die sozialen Konflikte konnten überwunden werden, dadurch dass die Marsianer sich zu einem kollektiven harmonischen Ganzen entwickelt haben. Mehrere Jahrhunderte nach der »sozialen Revolution« war es ihnen gelungen, eine neue »Kultur der Aufmerksamkeit« zu entfalten: Getragen wurde diese neue Kultur

---

17 Vgl. Bogdanow a. a. O., vor allem: 63-98.

von neuen Marsmenschen, denen auch innerlich eine Aufhebung und Überhöhung ihres früheren Individualismus und Egoismus hin zu einer freiwillig praktizierten Kollektivität gelungen war. Zur Illustration folgen hier zwei kurze Zitate:

> »Die gemeinsamen Beratungen der Marsmenschen verblüfften mich durch ihren konzentriert-sachlichen Charakter. Ob es sich um wissenschaftliche Probleme, um Arbeitsorganisation oder sogar um Kunst handelte – die Vorträge und Reden waren sehr komprimiert und kurz, die Argumentation war bestimmt und präzise, niemand wiederholte sich oder gab nochmals die Meinung eines anderen wieder. Die meist einstimmigen Entscheidungen wurden mit märchenhafter Schnelligkeit verwirklicht. Wissenschaftler einer Fachrichtung entschieden, man solle ein neues Institut schaffen, Arbeitsstatistiker verlangten eine neue Fabrik, die Einwohner einer Stadt wollten ihre Stadt mit einem Gebäude verschönen – flugs erschienen neue Ziffern der notwendigen Arbeitsstunden, die von der Zentrale errechnet wurden, hunderte und tausende Arbeiter kamen angeflogen, in wenigen Tagen oder Wochen war alles vollbracht, und die Arbeiter verschwanden wieder. Das wirkte wie Zauberei, wie seltsame, ruhige und kalte Magie ohne Beschwörungen und mystisches Beiwerk, jedoch um so rätselhafter in seiner übermenschlichen Kraft.«[18]

> »Ich hoffte, mich an die neue Arbeit zu gewöhnen und mich dann mit allen Arbeitern messen zu können. Aber das war nicht so. Immer mehr musste ich einsehen, dass es mir an der *Kultur der Aufmerksamkeit* mangelte. Körperliche Leistung wurde nur wenig verlangt, an Schnelligkeit und Gewandtheit stand ich anderen nicht nach, übertraf sogar viele. Aber ich musste ununterbrochen und konzentriert auf Maschinen und Material achten, was mir sehr schwer fiel. Offenbar entwickelt sich diese Fähigkeit erst im Laufe

---

18 Bogdanow a. a. O.: 100.

mehrerer Generationen in dem Maße, wie es auf dem Mars als gewohnt und üblich gilt.

Wenn gegen Ende meines Tagewerks die Ermüdung schon spürbar wurde und die Aufmerksamkeit nachließ, machte ich Fehler und zögerte bei manchen Handgriffen. Diese Fehler wurden von meinen Nachbarn unverzüglich korrigiert.

Mich verblüffte ihre seltsame *Fähigkeit, alles ringsum zu bemerken, ohne von ihrer Arbeit aufzublicken.*«[19]

Wendungen »wie Zauberei«, »Magie ohne Beschwörungen und mystisches Beiwerk«, »in seiner übermenschlichen Kraft«, »Kultur der Aufmerksamkeit« und eine offenbar übersinnliche Wahrnehmungsfähigkeit – all diese Worte hören sich fast nach Erfahrungsspiritualität und einer dynamischen Meditationsform in der Fabrikarbeit an. Die Originalquelle enttarnt hier deutlich den Tenor ihrer pseudo- bzw. ersatzreligiösen Ideologie. Neben der behaupteten Wissenschaftlichkeit war der Glaube an den Auftrag einer erlösenden Mission zum Wohle der gesamten Menschheit zweifellos die zweite und letztlich wichtigste Kraftquelle der kommunistischen Kämpfer.

Das sozialromantische Harmoniestreben der kommunistischen Utopie grenzt sich bei Bogdanow allerdings scharf von ihrem ungebrochenen technischen sowie vor allem auch demografischen Expansionsdrang ab.[20] Die im Kapitalismus institutionell organisierten Gewalt- und Ausbeutungsverhältnisse zwischen den Menschen wurden lediglich transformiert: Sie finden sich in der fiktiven kommunistischen Marsgesellschaft als exzessiv fortgesetzte ausbeuterische Naturbeherrschung! In Verbindung mit einem gewollt ungebremsten Bevölkerungs-

---

19 Bogdanow a. a. O.: 120 . Die kursive Hervorhebung entspricht dem Original-Nachdruck. In dem oben (in Fußnote 15) erwähnten abweichenden Online-Volltext findet sich statt der interessanten Umschreibung einer »Kultur der Aufmerksamkeit« die schlichte Übersetzung einer »Fähigkeit zur Konzentration«. Es wäre aufschlussreich, den russischen Originaltext zu überprüfen, um zu klären, welche Übersetzung treffender ist.

20 Vgl. Bogdanow a. a. O.: 89.

wachstum führt dies – im Roman – logischerweise zu einer absehbaren Erschöpfung der marsianischen Ressourcen. Als Ausweg erwägen die kommunistischen Marsianer schließlich sogar ernsthaft eine Kolonisierung der Erde und in diesem Zuge eine komplette Ausrottung der rückständigen »Erdenmenschen«. Immerhin bietet der Plot auch in dieser Hinsicht ein Happy End: Durch die Ermordung des Hauptagitators für den interplanetarischen Vernichtungsfeldzug versucht der Held der Handlung, die irdische Menschheit zu retten!

Das tragende kommunistische Paradigma eines nur oberflächlich bedauerten, aber in der Hauptsache für notwendig erachteten, gnadenlos brutalen und gewalttätigen Kampfes taucht in Bogdanows Roman auch in anderen Zusammenhängen wiederholt auf: Es findet sich in Form einer als menschlich legitim dargestellten Liquidierung politischer Gegner genauso wie als exemplarische pädagogische Maßnahme innerhalb des kommunistischen Erziehungswesens.[21] Die ideologische Anziehungskraft einer *Lizenz zum Töten*, die den aktiven Kämpfern durch ihren vermeintlichen Auftrag zur Erfüllung einer höheren Mission gewährt wird, ist von einem zivilisierten Standpunkt aus nur sehr schwer nachzuempfinden. Um eine aktuelle Analogie für die Attraktivität der erfolgreichen russischen Revolutionäre des frühen 20. Jahrhunderts zu finden, muss man wohl bereit sein, sich der Mentalität der islamistisch-fundamentalistischen Glaubenskrieger unserer Tage explorativ zu nähern: So kann man die leidenschaftliche Gefühlswelt und das zurückgebliebene Denken von größenwahnsinnigen Revolutionären besser verstehen lernen. Im Blutrausch ihres Wahns haben die Dschihadisten lediglich den Platz einer vermeintlichen Wissenschaft der gesellschaftlichen Befreiung durch die Ideologie einer vulgarisierten alten Hochreligion ersetzt.

---

21 Vgl. Bogdanow a. a. O.: 60ff und 76f.

3.3 Radikal-sozialer Fortschritt als anarchistische Utopie

Bei der Suche nach einem zweiten Beispiel aus dem Bereich moderner sozialromantischer Utopien fiel meine Wahl auf den Roman »Planet der Habenichtse«. Er stammt von der amerikanischen Autorin Ursula K. Le Guin und wurde fast 70 Jahre nach der Fiktion Bogdanows geschrieben.[22] Der Roman ist angenehm zu lesen. Selbst mit dem Abstand von mittlerweile vier weiteren Jahrzehnten erwecken die Schilderungen von Le Guin – im Gegensatz zu »Der rote Planet« – sowohl in wissenschaftlich-technischer als auch in sozialer Hinsicht noch nicht den verstaubten Eindruck, historisch überholt zu sein. Der Handlungsabriss muss hier nicht wiedergegeben werden. Er kann in dem Wikipedia-Artikel nachgelesen werden, aus dem das kurze Zitat des folgenden Absatzes stammt. Stattdessen möchte ich mir hier eine Einordnung und Bewertung der Erzählung erlauben, die einen Vergleich mit der Sozial-Utopie Bogdanows einschließt.

> »Der ›Planet der Habenichtse‹ gilt als eine der letzten modernen Utopien. Der Utopieforscher Richard Saage sieht Ursula Le Guins Roman zusammen mit der Öko-Utopie (Ökotopia) von Ernest Callenbach und den Romanen von Marge Piercy als Klassiker, die das Ende der modernen Utopien markieren.«[23]

---

22 Vgl. die deutsche Übersetzung aus dem Jahr 1976: Ursula K. **Le Guin: Planet der Habenichtse**. München 1994 (Taschenbuchausgabe, das US-Original erschien 1974 unter dem Titel »The Dispossessed«, eine weitere deutsche Ausgabe existiert unter dem Titel »Die Enteigneten«), zur Biografie der Autorin vgl. *https://de.wikipedia.org/wiki/Ursula_K._Le_Guin* (abgerufen am 02.04.2016).

23 *https://de.wikipedia.org/wiki/Die_Enteigneten* (Abschnitt »Zum Buch« 2. Absatz, abgerufen am 06.03.2016), vgl. auch den Quellenbezug der dortigen Fußnote [1].

Etwas präziser müsste man wohl von einer späten Blüte der modernen *Sozial-Utopien* sprechen, da herausragende, konstruktiv und optimistisch moderne Fortschrittsutopien mit einem technologischen Schwerpunkt bruchlos bis in unsere Tage verfasst wurden. Von daher erhebt sich für mich die Frage, ob die heutzutage weit verbreiteten Einschätzungen der Philosophen der Postmoderne, die ein Ende *aller* »Großen Entwürfe« der Moderne proklamieren, überhaupt stimmen können. Ich komme auf diese Frage am Schluss des Abschnitts 4.1 zurück.

An dieser Stelle bietet sich aber bereits eine Bewertung des von den Vertretern der Postmoderne implizit unterstellten Endes der modernen Sozial-Utopien an. Dieser These stimme ich weitgehend zu und sie lässt sich exemplarisch an den Romanen von Bogdanow und Le Guin verdeutlichen. Während der russische Visionär seine Arbeit noch vor dem Hintergrund des tatsächlichen Revolutionsprogramms der Bolschewisten erstellte, kehrt die Fiktion der Amerikanerin dagegen in zweifacher Hinsicht zu einer größeren Bescheidenheit zurück.

Zum einen beschränkt sich der Roman darauf, lediglich ein Beitrag zum utopischen Denken in rein literarischer Form zu sein. Er versteht sich nicht – im Kontext einer realen politischen Bewegung – als direkt umsetzbarer Sozialentwurf. Eine anarchistisch inspirierte Umgestaltung der hoch entwickelten Industriegesellschaften des Westens dürfte sogar in den 1970ern faktisch als überaus illusionär erschienen sein. Auch in dieser Zeit – die noch vom antiautoritären Geist der Studentenrevolte geprägt war – mochte ein Übergang zu herrschaftsfreien Systemen der puren Freiwilligkeit vielleicht erstrebenswert wirken, aber er lag wohl selbst für radikale Optimisten kaum in greifbarer Nähe. Daher verlegte Le Guin ihre Vision nicht nur auf einen anderen Planeten, sondern siedelte die ohne Regierung, ohne Geld und sogar ohne Gesetze funktionierende Gesellschaft gleich in einem um Lichtjahre entfernten Sonnensystem, auf einem fiktiven Planeten namens »Anarres«, an.

Zum anderen tritt die anarchistische Utopie auch konzeptionell – im Vergleich zu der kommunistischen Variante – deutlich bescheidener auf: Auf Anarres herrschen von Anfang an harte ökologische Restriktionen und das fiktive Sozialsystem agiert unter diesen Umständen nicht aggressiv und expansiv, sondern pazifistisch und gleichgewichtig.

Beide Sozial-Utopien greifen die drei Kernprobleme auf, die den technischen Fortschritt in der Entwicklung moderner Industriegesellschaften begleiten: die sogenannte Soziale Frage sowie das Geschlechterverhältnis und die Begrenztheit der Ressourcen beziehungsweise in einer erweiterten Sicht die Ökologische Frage. Die Romane beschreiben grob skizzierte Lösungen dieser grundlegenden Herausforderungen der Moderne in teils ähnlicher und teils völlig konträrer Weise. Im Einzelnen sind die folgenden, zentralen gesellschaftlichen und kulturellen Strukturkomponenten zu erkennen:

- In beiden Fiktionen werden uns komplexe Industriegesellschaften vorgestellt, die ohne Geld und Kapital funktionieren sollen. Die Organisation der Arbeitsteilung der erdachten Ökonomien basiert stattdessen primär auf Freiwilligkeit und persönlicher Initiative im Kollektivinteresse: In der kommunistischen Variante haben wir es mit einer expansiven Überflussproduktion zu tun. Die Koordination der Arbeitskräfte-Einsätze bedarf – neben der individuellen Bereitschaft aller, dem Gemeinwohl zu dienen – lediglich einer allgemein bekannten Transparenz der statistisch nötigen Soll-Zahlen zur Realisierung der konkreten Produktionsziele. Diese Soll-Zahlen werden ständig gesamtgesellschaftlich neu berechnet und kontinuierlich überall veröffentlicht. Dabei werden jede einzelne zu leistende Arbeitsstunde und die zur Verrichtung nötige Qualifikation erfasst. Auf diese Weise erfahren alle arbeitsfähigen Menschen, wo sie, welche notwendigen Aufgaben verrichten können. In der anarchistischen Variante ist die Freiwilligkeit – notgedrungen – aufgrund der kärglichen Lebensbedingungen des Wüsten- und Steppen-Planeten etwas eingeschränkt: Bei Engpässen werden ungeliebte Arbeiten hier kollektiv aufgrund von Aufträgen der dezentralen Kommunen und der zentralen Arbeitseinteilung erledigt. Dabei existiert allerdings – entsprechend der ideologischen Grundsätze – kein Weisungsrecht. Individuell können sich die Menschen den kollektiven Aufgaben auch entziehen, indem sie sich in die Einsiedelei zurückziehen.

- In den vorgestellten Welten ist die Konsumseite der utopischen Ökonomien noch simpler konzipiert: Alle nehmen sich einfach, was sie zu brauchen meinen – ohne Kontrolle, Beschränkung oder Abhängigkeit von der persönlichen Produktionsleistung. Unter den Überflussbedingungen des hypothetischen Kommunismus mag derlei noch halbwegs plausibel erscheinen. Unter den Bedingungen einer gesetzlosen Mangelwirtschaft wirkt dagegen die Annahme, dass sich alle Menschen – aus purer Solidarität – ausreichend selbst beschränken können, zweifellos komplett irreal. Um nicht naiv zu wirken, schildert Le Guin in ihrem Roman auch eine Notzeit ihrer Anarchisten-Welt, in der – abweichend von den Idealen – vorübergehende Zwangsrationierungen eingeführt werden müssen.

- Im Hinblick auf die Beziehungen zwischen den Geschlechtern weisen beide Sozial-Utopien wiederum deutliche Ähnlichkeiten zueinander auf: Frauen und Männer sind – den linken Traditionen entsprechend – selbstverständlich gleichberechtigt und gelten als gleichwertig. Die formale Institution der Ehe hat sich in beiden Sozialentwürfen überlebt. Da jedwede Form privater wirtschaftlicher Abhängigkeit überwunden ist, werden geschlechtliche Beziehungen und Bindungen nur noch um ihrer selbst eingegangen und gepflegt oder wieder gelöst. Folglich wird das Geschlechtsleben von wechselnden, promiskuitiven Beziehungen dominiert. In der kommunistischen Variante haben sich die Geschlechter zudem äußerlich stark aneinander angeglichen. Die marsianischen Frauen und Männer wirken so androgyn, dass der Erdling sie anfangs nicht zu unterscheiden vermag. In der anarchistischen Variante werden – als Ausnahmeerscheinung – anhaltend monogame Bindungen beschrieben. Entsprechend des fortgeschrittenen Zeitgeistes hat Le Guin in ihrer Vision überdies gleichgeschlechtliche Beziehungen bereits vollständig enttabuisiert.

- Angesichts der Auflösung aller traditionellen Groß- und Kleinfamilien-Strukturen muss die Erziehung der Kinder in den Fiktionen logischerweise primär als kommunale oder regionale Gemeinschaftsaufgabe gedacht werden. In der kommunistischen Vision existiert hierzu gar eine separate »Kinderstadt«. Die leiblichen Eltern können sich dort zusätzlich freiwillig in die Erziehung ihres Nachwuchses einbringen. In der anarchistischen Variante ist im Einzelfall eine primär private Erziehung möglich.

- Der wesentlichste konzeptionelle Unterschied der beiden Sozial-Utopien wurde bereits mehrfach erwähnt: Während Bogdanows Vision noch vom Geist einer rücksichtslosen, expansionistischen und mechanistischen Industrialisierung und Naturbeherrschung geprägt ist, steht Le Guins Fiktion bereits unter dem zeitbedingten Paradigma der neu entdeckten ökologischen »Grenzen des Wachstums«.

- Markant sind schließlich hierüber hinaus die Unterschiede der Entwürfe hinsichtlich ihres Verhältnisses zur Spiritualität. In Bogdanows imaginierter Marsgesellschaft gibt es – entsprechend den kommunistischen

Axiomen – formell keine Religionen mehr.[24] Allerdings scheint mir unverkennbar zu sein, dass sich der russische Hang zu seelischer Tiefe bei Bogdanow in eine Art Sozialmystik transformiert hat: Anhand der oben wiedergegebenen Textauszüge wird deutlich, dass der Autor ein mystisch überdehntes Kollektivbewusstsein und eine entsprechend übersteigerte individuelle Aufmerksamkeit der neuen Menschen unterstellt. Inwieweit diese Mystifizierung des menschlichen Bewusstseins dem Autor selbst klar war, bleibt offen. Eindeutig ist allerdings, dass er sich in dieser Hinsicht nicht im Hauptstrom des Marxismus bewegte.

- In Le Guins Roman erscheint das Verhältnis zur Spiritualität dagegen letztlich bewusster, obwohl auch in ihrer Sozial-Utopie auf dem herrschaftsfreien Planeten keine formellen Religionen mehr existieren. Stattdessen lässt die Autorin einen sehr ausgeprägten Hang zur Naturromantik erkennen. Dieser Hang wirkt so stark, dass er sozusagen zwischen den Zeilen naturmystische Anklänge vermittelt. Außerdem behandelt sie den »schöpferischen Geist« als eine übermenschliche Kraft, die sich ihre menschlichen Träger selbst aktiv aussucht.[25] Vor allem aber expliziert Le Guin einen offenen Bezug zur Mystik als eines ihrer Zentralthemen: Das Lebenswerk der Hauptfigur ihres Romans, des anarchistischen Physikers Shevek, besteht in der Suche nach ei-

---

24 Vgl. Bogdanow a. a. O.: 85.

25 Le Guin veranschaulicht dies anhand der Sichtweise von Takver, der Lebensgefährtin ihres Protagonisten: »An den Tagen, an denen er keinen Unterricht hatte, saß er, wenn sie heimkam, möglicherweise bereits seit sechs oder acht Stunden am Tisch. Wenn er dann aufstand, schwankte er vor Müdigkeit, seine Hände zitterten, und er redete unzusammenhängend. Die Beanspruchung, die der schöpferische Geist seinen Trägern zumutet, vernichtet diese, verwirft sie und sucht sich neue. Für Takver gab es aber keinen Ersatzmann, und wenn sie sah, wie hart Shevek kämpfte, protestierte sie energisch.« Le Guin a. a. O.: 174.

ner wissenschaftlichen Synthese, die das mystische Axiom der Zeitlosigkeit integrieren soll. Das menschliche Sequenzempfinden der Zeit soll mit der mystischen, als naturgegeben unterstellten Simultanität des gesamten Kosmos rational vereinigt werden.

Alles in allem wirken die Konstrukte dieser großen Sozial-Utopien der Moderne – von heute aus gesehen – leider doch reichlich weltfremd. Dass es irgendwann einmal zu einer Renaissance dieses Denkens kommen könnte, ist derzeit schwerlich vorstellbar: Nichts scheint momentan abwegiger zu sein als eine verbreitete Wiederbelebung des Enthusiasmus, mit dem die Ideen des unbegrenzten sozialen Fortschritts ehedem verbunden waren. Aber: Sind wir ruhig etwas vorsichtiger und erinnern uns mit Sean Connery an den Filmtitel »Never Say Never Again«!

4. Utopien des technischen Fortschritts, Dystopien und apokalyptische Visionen
Das Ende der modernen Utopien?
Teil 2

4.1 Technologische Utopien im Sachbuch-Gewand

Die in die Zukunft verlängerten Möglichkeiten des technischen Fortschritts können Menschen wenigstens genauso begeistern wie die Hoffnungen auf soziale Fortschritte. Beide Fortschrittsaspekte können sich – wie in der Belle Époque oder den 1960ern – wechselseitig befruchten und zu einer den Zeitgeist beflügelnden Massenerscheinung werden. Reduktionistische Visionen des technischen Fortschritts verbleiben dagegen im Trivialbereich der Science-Fiction. Wie wir gesehen haben, gibt es aber auch einen Übergangsbereich dieses Genres zum utopischen Denken: Sofern eine kritische Auseinandersetzung mit den tatsächlich gegebenen Sozialverhältnissen und -systemen der Gegenwart erfolgt und die imaginierten Welten als Gegenentwürfe zu verstehen sind, handelt es sich sowohl um Science-Fiction als auch um Utopie. Es geht dabei dann im Kern um eine Suche nach neuen Ideen und Konzepten, die den wirklichen Verlauf der modernen kulturellen Evolution in langfristiger Hinsicht konstruktiv zu beeinflussen vermögen.

Einfache technizistische Science-Fiction (SF) sind – vor allem in der Filmbranche – seit Jahrzehnten zur Massenware geworden und müssen hier nicht weiter besprochen werden.[26] In

---

26 Trotzdem sollte man sich auch hier vor vorschnellen und arroganten Herabsetzungen hüten! Selbst ein Hollywood-Kassenschlager wie »Star Trek« bietet Bezüge auf soziale, ethische und insofern auch philosophische Aspekte: »Star Trek beschreibt eine utopische Zukunft, in der die Menschheit enorme soziale und technische Fortschritte erzielt hat. Erzählt werden die Geschichten von Schiffsmannschaften und Mitreisenden auf Raumschiffen und -stationen der wissenschaftlichen und militärischen Sternenflotte. Die Menschheit hat die meisten der heutigen Probleme, wie etwa soziale Ungleichheit, Rassismus, Intoleranz, Armut und Krieg, überwunden. Auch Kapitalismus und Geldfunktion existieren nicht

diesem Abschnitt wähle ich stattdessen eine ganz andere Vorgehensweise: Ich werde mich im Fortgang auf zwei Sachbücher beziehen, die sich in ihrer Basis auf ein zeitgemäßes und korrektes wissenschaftliches Verständnis der Welt gründen. Diese Arbeiten grenzen sich folglich scharf von jedweder Unterhaltungsliteratur oder von Filmen des SF-Genres ab, da dort typischerweise ein Gemisch echter und fantastisch überzeichneter wissenschaftlich-technischer Bezüge geboten wird. Für Laien soll zu Unterhaltungszwecken bewusst verschleiert werden, was echte Wissenschaft und was pure, nicht verwirklichbare Fantasterei ist.

Ganz anders verhält es sich, wie gesagt, mit den beiden Büchern, auf die ich mich in diesem Abschnitt beziehe. Mit einem ausreichend langen Zeithorizont und der strikten Unterordnung aller konkreten Beschreibungen und Ideen unter die als zeitlos unterstellte Gültigkeit der bekannten grundlegenden Naturgesetze gerät man in einen speziellen Übergangsbereich: Bei den wenigen mir bekannten Beispielen dieses Übergangsbereichs ist man sich zunächst unsicher, ob man es mit Utopien, mit Science-Fiction oder mit tatsächlich ernst gemeinter Zukunftsforschung zu tun hat. Diese Schwierigkeit der Unterscheidung ergibt sich primär durch die Wahl von – für menschlich-kulturelle Maßstäbe – sehr langfristigen Zeithorizonten.

Es mag in diesem Zusammenhang hilfreich sein, sich in Erinnerung zu rufen, welche Wissenschaften mit welchen Zeithorizonten arbeiten: In der Kosmologie ist es nötig, in Jahrmilliarden und Jahrmillionen zu denken. Dies trifft auch für die Geologie zu und selbst im Hinblick auf die biologische Evolution ist es unumgänglich, sich in diesen gedanklichen Riesenschritten durch

---

mehr. Die Menschheit ist zu einer globalen Einheit herangewachsen und besiedelt über die Erde hinaus weitere Planeten. Dabei verfolgt sie das Prinzip der friedlichen Koexistenz mit anderen Lebensformen. Die intelligenten Lebewesen im Star-Trek-Universum unterscheiden sich in Bezug auf ihre Ethik und Gesellschaftsform.« https://de.wikipedia.org/wiki/Star_Trek (Abschnitt »Einführung«, abgerufen am 25.03.2016).

die Erdzeitalter zu bewegen. Noch die ältesten Arten der Gattung Homo werden in einem Bereich von 2,5 bis 1,5 Millionen Jahren vor heute datiert.[27] Mit der Entwicklung unserer eigenen Spezies des Homo sapiens kommen wir – nach dem aktuellen Forschungsstand – immerhin in den Bereich von 160.000 Jahren vor unserer Gegenwart.[28] Schließlich geraten wir im Hinblick auf unsere zivilisatorische Entwicklung in den angenehm überschaubaren Tausenderbereich: Vor gut 10.000 Jahren begannen sich langsam Ackerbau und Viehzucht zu verbreiten[29] und auch mit der Erfindung der ältesten Schriftsysteme und den sich hierauf gegründeten ersten Hochkulturen und frühen Imperien bewegen wir uns im Bereich von mehreren tausend Jahren vor unserer Zeitrechnung.[30]

Die bis jetzt andauernde europäische Neuzeit begann erst vor rund 500 Jahren. Als ihr entscheidendes Charakteristikum kann die sehr langsame, aber konsequente Befreiung der modernen Wissenschaften von den zuvor absolut herrschenden religiösen Dogmen und Denkverboten angesehen werden. Diese geistige Befreiung wurde zur Basis einer gänzlich neuen Welt der technischen Erfindungen und ihrer industriellen Vervielfältigung. Sie gipfelte in dem grundlegend neuen, vernunftorientierten Weltverständnis der Aufklärung und ermöglichte die soziale Befreiung der modernen Menschen aus den Fesseln der alten Feudalgesellschaften. Seit den katastrophalen Kultureinbrüchen des letzten Jahrhunderts[31] und der zusätzlichen Erkenntnis der ökologischen Grenzen des Wachstums auf dem

---

27 Vgl. *https://de.wikipedia.org/wiki/Homo* (abgerufen am 27.03.2016).

28 Vgl. *https://de.wikipedia.org/wiki/Mensch* (abgerufen am 27.03.2016).

29 Vgl. *https://de.wikipedia.org/wiki/Neolithische_Revolution* (abgerufen am 27.03.2016).

30 Vgl. *https://de.wikipedia.org/wiki/Geschichte_der_Schrift* (abgerufen am 27.03.2016).

31 Die Opferzahlen der beiden Weltkriege, des Holocausts sowie des Stalinismus und des Maoismus müssen hier nicht wiederholt werden (siehe auch den Abschnitt »Kommunistische Utopiediskussion« am Schluss des unten wiedergegebenen Brockhaus-Artikels zum »Kommunismus«).

»Raumschiff Erde« verbreitete sich allerdings die Einschätzung, dass das große Menschheitsprojekt der Moderne gescheitert sei. Die Annahme der naturgegebenen Begrenztheit der zivilisatorischen Entwicklungspotenziale unserer Spezies ist gegenwärtig allgemein so stark verinnerlicht, dass sie fast zu einem neuen kulturellen Dogma geworden ist. Versuchen wir, uns trotzdem kurzzeitig von diesem Denken zu lösen, um den Visionen einer extraterrestrisch erweiterten menschlichen Zivilisation besser folgen zu können.

Der im deutschsprachigen Raum nahezu unbekannte britische Autor Adrian Berry[32] verlängert gedanklich den Erfindungsreichtum der modernen Industriegesellschaften genau um die Zeitspanne, die seit dem Beginn der Neuzeit vergangen ist, also um fünf Jahrhunderte bis etwa zum Jahr 2500 nach Christi Geburt. Unter der Maßgabe der anhaltenden Gültigkeit der grundlegenden Naturgesetze geht Berry bei seinen Vorhersagen von der folgenden Annahme aus:

> »Es gibt eine allgemeine Regel für die Erstellung von Vorhersagen. Vorausgesetzt, die vorhergesagten Ereignisse sind physikalisch nicht unmöglich, gilt: Je länger die betrachtete Zeitspanne ist, desto wahrscheinlicher wird das tatsächliche Eintreffen der Ereignisse. Kurz gesagt, in Abwandlung von Murphys Gesetz: Wenn man lang genug wartet, wird alles geschehen, was geschehen kann.«[33]

---

32 Vgl. die Biografie Berrys aus der englischsprachigen Wikipedia: *https://en.wikipedia.org/wiki/Adrian_Berry,_4th_Viscount_Camrose* (abgerufen am 06.03.2016).

33 Adrian **Berry**: **The Next 500 Years**. Life in the Coming Millennium. New York 1996: 1 – eigene Übersetzung (unter Murphys Gesetz versteht man die folgende ingenieurwissenschaftliche Weisheit: »Alles, was schiefgehen kann, wird auch schiefgehen.«). Das Originalzitat von Berry lautet: »There is a general rule about making predictions. Provided the events being predicted are not physically impossible, then the longer the time scale being considered, the more likely they are to come true. In short, to paraphrase Murphy's Law, if one waits long enough everything that can happen will happen.«

Äußerst komprimiert zusammengefasst, gelangt Berry mit dieser Methode zu einer Reihe spektakulärer Vorhersagen:

»Ich sage in diesem Buch Folgendes voraus: das dauerhaft anhaltende Wachstum des Wohlstandes, die Speicherung menschlicher Persönlichkeiten auf Computern zur Rückgewinnung nach dem Tod, die Möglichkeit, dass wir von intelligenten Robotern überflügelt werden, die Bewirtschaftung der Ozeane mit Meeresfarmen, das Aufkommen einer nächsten Eiszeit, die Kolonisierung des Mondes (die teils kommerziell erfolgen wird, aufgrund des Wunsches zur Kopulation unter Ein-Sechstel-Schwerkraft) sowie die Kolonisierung des Mars und von Asterioden sowie schlussendlich den Bau von interstellaren Raumschiffen. Wenn diese Dinge jedoch passieren werden, wird sie niemand mehr für außergewöhnlich halten, nicht für außergewöhnlicher als *wir* den Start eines Jumbojets mit Hunderten von Passagieren empfinden. So wird es auch in Zukunft sein. Wenn im 22. oder 23. Jahrhundert ein junges Paar bekannt geben wird: ›Wir ziehen auf den Mars um‹, werden sie nicht mehr Stirnrunzeln hervorrufen, als wenn heutzutage jemand sagt: ›Ich ziehe nach Australien um.‹«[34]

Jede einzelne dieser Vorhersagen hat das Zeug dazu, den Plot für eine interessante Wissenschaftsfiktion abzugeben. Nehmen

---

34 Adrian Berry a. a. O.: 5f – eigene Übersetzung, das Originalzitat lautet: »I predict in this book the ever-increasing growth of wealth, the storage of human personalities on computer disks for retrieval after death, that we may be succeeded by intelligent robots; the farming of the sea, the coming of another Ice Age; the colonisation of the Moon (driven in part commercially by the desire for lovemaking in one-sixth gravity) and of Mars and asteroids; and, ultimately, the building of starships. Yet when these things happen, no one will think them extraordinary, any more than *we* find anything extraordinary in the take-off of a jumbo jet containing hundreds of passengers. So it will be in the future. When, in the twenty-second or twenty-third century, a young couple announces: ›We're going to live on Mars,‹ they will raise no more eyebrows than someone who says today: ›I'm going to live in Australia.‹«

wir zum Beispiel die Vision der Digitalisierung menschlicher Persönlichkeiten, mit der Option der Rückübertragung in einen fremden menschlichen Körper. Hier winkt den Reichen zukünftiger Jahrhunderte eine unerwartet nahe liegende Variante zur Realisierung ihrer Unsterblichkeit. In einer Gesellschaft mit ethisch verwerflichen Maßstäben brauchen sie ihren digitalisierten Hirninhalt nur turnusmäßig – vielleicht alle zehn Jahre – in einen gesunden und entsprechend jüngeren Körper ihrer Wahl übertragen zu lassen, um ihr biologisches Alter zu halten. Dass dabei höchstwahrscheinlich die ursprüngliche Identität des Wirtskörpers gelöscht werden muss, dürfte deren Käufer eher kalt lassen. Irgendwie erinnert mich diese knapp umrissene Vision an den Sarkasmus von Huxleys »Schöne Neue Welt«. Aber egal – schließlich muss es ja nicht so kommen! Mit diesem Streiflicht auf die Arbeiten von Berry möchte ich es an dieser Stelle auch schon bewenden lassen. Eine Vertiefung könnte leicht ins Uferlose ausarten.[35]

---

35 Gewiss sind die Ideen Berrys sehr anregend, das Prädikat der Wissenschaftlichkeit gilt allerdings auch für seine Art utopischer Zukunftsforschung nur eingeschränkt. Jede Form der Erforschung der Zukunft der menschlich-kulturellen Evolution verlässt notgedrungen den Bereich wissenschaftlich reproduzierbarer Ergebnisse, die sich experimentell begründen können.
Lediglich im Hinblick auf die kosmologischen und klimatischen Rahmenbedingungen unserer Existenz besteht die Chance darauf, irgendwann zu zuverlässigeren Aussagen zu kommen, als dies heutzutage möglich ist. Offenbar handelt es sich bei der Frage der irdischen Klimaentwicklung der nächsten Jahrhunderte auch um eines der Lieblingsthemen von Berry. Mit an Sicherheit grenzender Wahrscheinlichkeit dürfte seine Einschätzung stimmen, dass das Aufkommen einer neuen Kaltzeit (innerhalb unseres seit rund 2,6 Millionen Jahren anhaltenden Eiszeitalters) weitaus größere zivilisatorische Katastrophen bedingen würde, als der gegenwärtig noch anhaltende Erwärmungstrend mit sich bringen mag. Auch ist klar, dass ein Kippen des irdischen Klimas hin zur Abkühlung – früher oder später – unausweichlich ist, zumindest sofern unsere Nachfahren nicht dazu in der Lage sein werden, dies technologisch zu verhindern. Gänzlich unklar ist allerdings, wann die nächste Kaltzeit (und damit eine erneute Vergletscherung weiter Teile der Nordhalbkugel) ansteht: Ist der Wendepunkt bereits überfällig, liegt er noch mehrere tausend Jahre entfernt oder haben wir mit unserem industriellen CO_2-Ausstoß

Stattdessen will ich mich kurz den Ideen Jesco von Puttkamers zuwenden. Von Puttkamer war jahrzehntelang als deutschstämmiger Wissenschaftler bei der US-Raumfahrtagentur NASA tätig. Obwohl er als junger Mann – genauso wie Berry – auch Science-Fiction geschrieben hat, blieb er mit seinen darauf folgenden Sachbüchern eher konventionell-rational und vor allem fachlich auf das Thema Raumfahrt zentriert. Trotz des etwas reißerischen Titels eines seiner späten Bücher »Jahrtausendprojekt Mars«[36] grenzt er sich letztlich damit deutlich von dem spekulativ-rationalen Ideen-Feuerwerk Berrys ab. Mit dem Titel des genannten Buches hatte von Puttkamer – neben Reklamezwecken – vermutlich eine Zeitspanne im Auge, die hinreichend sein könnte, um eine menschliche Mars-Kolonie von nennenswerter Größe aufzubauen. Der tatsächliche Inhalt des Buches beschreibt allerdings etwas ganz anderes: Es geht darin, ausgehend von den frühen Mars-Mythen, um die lange Vorgeschichte der wissenschaftlichen Mars-Erforschung, ihren aktuellen Stand und um die – in diesem Kontext – eher kurzfristigen Perspektiven der kommenden Jahrzehnte. Im Kern ist von Puttkamers Arbeit das leidenschaftliche Plädoyer eines berufenen Fachmanns, mit einer handfesten ingenieurwissenschaftlichen Basis, für die Forcierung der bemannten Raumfahrt!

---

am Ende sogar dafür gesorgt, dass die nächste Vereisung Norddeutschlands (inklusive der Millionenstädte Hamburg und Berlin) ausfällt? Haben wir also vielleicht längst eine unbewusste, aber hilfreiche Form des »Geo-Engineering« betrieben? Niemand kann diese Fragen derzeit halbwegs zuverlässig beantworten!

Die komplette Verwirrung in den prognostizierten Datierungen und der sich alle paar Jahre ändernde Tenor der bekannt werdenden, einschlägigen Studien zeigt sich, wenn man die Begriffe »nächste Eiszeit« sowie »nächste Kaltzeit« googelt und sich durch einige der Beiträge klickt (vgl. die Presseartikel zum Thema der möglicherweise verschobenen nächsten Kaltzeit mit den Links am Schluss dieses Textes im »Überblick der verwendeten Quellen: Sonstige Artikel«).

36 Vgl. Jesco **von Puttkamer**: **Jahrtausendprojekt Mars**. Chance und Schicksal der Menschheit. München 1996 (vollständige Taschenbuchausgabe 1997), vgl. die Biografie des Autors
https://de.wikipedia.org/wiki/Jesco_von_Puttkamer_%28NASA%29
(abgerufen am 06.03.2016).

Dabei hat er sehr gewichtige Argumente auf seiner Seite: Vor allem die ökonomische Argumentation, die auf einem Analogieschluss im Hinblick auf das Mondlande-Programm basiert, wirkt sehr überzeugend! Ohne den sowjetisch-amerikanischen Wettlauf in der Erschließung des erdnahen Weltraums, also ohne das Apollo-Programm, wären Computer auch heutzutage vielleicht noch raumfüllend, anstatt in eine Hosentasche zu passen. Die Welt sähe dann insgesamt deutlich anders aus: Sie befände sich in einem erheblich schlechteren Zustand, da insbesondere die ökologische Anpassung unserer hochindustrialisierten Produktionsprozesse entscheidend langsamer vorangekommen wäre. Das Apollo-Programm war extrem teuer, hat sich aber fraglos – sogar pur ökonomisch betrachtet – schon seit langer Zeit über die Steuerrückflüsse der neu entstandenen Industrien an die öffentlichen US-Haushalte und viele andere förderliche Nebeneffekte mehr als bezahlt gemacht.[37]

Niemand bestreitet diese Fakten heutzutage noch ernsthaft und trotzdem hält sich der allgemeine Enthusiasmus im Hinblick auf die Generierung ähnlicher Effekte durch ein Mars-Landeprogramm sehr in Grenzen. Technologisch gesehen, würde es dabei primär um die Entwicklung neuer Verfahren zur Beherrschung von geschlossenen Stoffkreisläufen der Lebenserhaltung gehen. Aber niemand kann sagen, welche bedeutsamen Nebeneffekte des technischen Fortschritts es noch abwerfen würde. Schließlich war die allgemeine Computerisierung ja gar keine bewusste Intention des Apollo-Programms, sondern nur ihr Abfallprodukt. Im Grunde geht es von Puttkamer allerdings keineswegs nur um Technik und Ökonomie! Er sieht die Raumfahrt vielmehr in einem deutlich weiteren kulturellen Kontext:

>»Im Ureigenen ist Raumfahrt nicht eine ingenieurwissenschaftliche Disziplin im Sinn der an Technischen Hochschulen und Universitäten gelehrten ›Raumfahrttechnik‹, sondern ein gesamtgesellschaftliches Phänomen und Agens

---

37 Vgl. Jesco von Puttkamer a. a. O.: vor allem 305ff.

kulturellen Wandels und Wachstums, ein dem Gemeinwesen künftige Potenziale erschließender Ausdruck menschlicher Kultur. Raumfahrt tut als Kulturaufgabe Not und kein Unternehmen im All wird dies deutlicher und nachhaltiger demonstrieren als die Erschließung des Mars durch den Menschen im nächsten Jahrtausend.«[38]

Noch deutlicher wird von Puttkamer, wenn er ein paar Seiten weiter auf die bewusstseinsverändernden Effekte des individuellen menschlichen Blicks der Raumfahrer auf die sich real von ihnen entfernende und immer kleiner werdende Erdkugel zu sprechen kommt:

»Der Erlebnisbereich Weltraum bietet eine neue Chance, zu einer Denkweise zu finden, die uns positiv beeinflusst und befähigt, mit unserer Heimatwelt liebevoller und behutsamer umzugehen und ein neues Verhältnis zur Natur zu finden. Wer den Weltraum erlebt hat, gewinnt an Verantwortungsgefühl für die Erde und erkennt die zwingende Notwendigkeit, dieses ›Raumschiff‹ intakt zu halten. Die Erfahrung zeigt, dass sich der durch die Seinsbereichserweiterung angeregte Bewusstseinswandel nicht als Quantensprung auswirkt, sondern kontinuierlich-gleitend, zumeist im Unbewussten. Ich glaube, dass er im Verlauf der nächsten 30-50 Jahre Menschen formen wird, deren Weltsicht und Reife in ihren Umweltbeziehungen deutlich anders sein werden als bei uns heute. So wird die Raumfahrt beitragen zum Entstehen eines neuen Menschen mit einem neuen Verständnis der Wirklichkeit, der für neue Maßstäbe, neue Ziele und neue Werte gebraucht wird: weg von Kurzsichtigkeit, Scheuklappensicht und dem engen Horizont von Ethnozentrismus, Rassismus, Fremdenangst und Fremdenhass, die unsägliches Leid über die Welt gebracht haben und bringen.«[39]

---

[38] Jesco von Puttkamer a. a. O.: 307 (Rechtschreibung aktualisiert).

[39] Jesco von Puttkamer a. a. O.: 341f (Rechtschreibung aktualisiert).

Obwohl Wernher von Braun schon vor rund einem halben Jahrhundert eine bemannte Marsmission für technisch prinzipiell machbar hielt, könnte sich eine Realisierung um weitere Jahrzehnte verzögern – und zwar einfach deshalb, weil gegenwärtig die entscheidende Triebfeder der Weltmachtkonkurrenz fehlt. Möglicherweise wird sich der Westen erst dann zur Verteidigung seiner technologischen Führungsposition entschließen können, wenn die künftige Weltsupermacht China konkret soweit ist, sich eigenständig – ohne uns – auf den Weg zur bemannten Erforschung unseres Nachbarplaneten zu begeben. Ich vermute, dass diese Bedingungen irgendwann in der zweiten Hälfte dieses Jahrhunderts tatsächlich gegeben sein könnten, sodass sich die Menschheit dann vielleicht von einem neuen und erstmals wirklich globalen Fortschrittsoptimismus beflügeln lässt.

An dieser Stelle bietet sich eine vorläufige **Schlussfolgerung** zu der Frage an, ob es keine klassisch modernen, also optimistisch fortschrittsorientierten Utopien mehr gibt, weil die Moderne insgesamt bereits als ein abgeschlossenes Kapitel unserer Geschichte angesehen werden kann und sich damit alle neuen »Großen Entwürfen« erübrigt haben. Wie oben (am Schluss von Abschnitt 3.3) ausgeführt, meine ich, dass diese Aussage im Hinblick auf moderne Sozial-Utopien – zumindest auf radikale Varianten hiervon – durchaus zutreffen dürfte. In Bezug auf primär technologisch basierte Utopien kann ich dagegen nicht erkennen, worauf sich die Vertreter der Postmoderne eigentlich stützen. Möglicherweise haben sie solche Utopievarianten einfach nicht im Blick gehabt. Wie ich zeigen konnte, hat es solche Fiktionen aber auch in den 1990ern noch oder wieder gegeben. Dass sie sich seither nicht im Mittelpunkt des öffentlichen Interesses bewegt haben, steht auf einem anderen Blatt. Dies kann sich ja – wie ich angedeutet habe – irgendwann wieder ändern, sodass dann neue, ähnlich ausgerichtete Utopien zu einer Renaissance des modernen Fortschrittsglaubens führen. – Wir werden sehen, wie bereits zitiert: »Sag niemals nie«![40]

---

40 Zu einem ähnlichen Ergebnis kommen neuere soziologische Ansätze, die den eher philosophisch begründeten Ansätzen der Postmoderne widersprechen und stattdessen Begriffe wie »Zweite Moderne« und »Welt-Moderne« einführen. Vgl. als ersten Anhaltspunkt den Wikipedia-Artikel zur Moderne, insbesondere den Abschnitt zum »Ende der Moderne« unter *https://de.wikipedia.org/wiki/Moderne* (abgerufen am 08.04.2016).

4.2 Der Umschlag in Dystopien und apokalyptische Visionen

Bislang kann von einer neuen Euphorie des Fortschritts natürlich keine Rede sein. Seit Jahrzehnten lassen wir uns vielmehr von einem eher pessimistisch dominierten Zeitgeist beherrschen. Damit schließt sich der Kreis meiner kurzen Reise mit seinen wenigen Schlaglichtern auf die faszinierende Ideensammlung der Utopien des letzten Jahrhunderts: Eine der ersten großen Negativ-Utopien oder Dystopien der Weltliteratur, die den ursprünglichen Optimismus der Moderne brachen, war Aldous Huxleys »Brave New World« (von 1932). Natürlich gab es hierzu einige Vorläufer und sehr viele Nachfolger: Weniger bekannt als Huxley wurde Jewgeni I. Samjatin (mit »Wir« von 1920), wohingegen George Orwell (vor allem mit »1984«, erschienen 1949) eine Popularität erlangte, die die aller anderen dystopischen Autoren übertreffen dürfte. Allgemein kaum bekannt ist dagegen Philip K. Dick, dessen besonders ertragreiche Schaffensperiode (frühe 1950er bis frühe 1980er) einen sehr starken Einfluss auf bekannte dystopische Kinoproduktionen hatte.[41]

Was all diese Horrorszenarien möglicher totalitärer Deformationen der Gesellschaftsentwicklung angeht, so werde ich es mit meinem einleitenden, ausführlichen Bezug auf Huxley bewenden lassen. Von ihren Grundzügen her sollten die übrigen Spielarten dystopischer »Zukünfte« – deren wichtigste Klassiker ich eben erwähnt habe – weithin bekannt sein. Die Zutaten zu den Rezepten dieser Visionen werden ja auch in aktuellen Filmproduktionen des Massenmarktes ständig aktualisiert und dabei nur in manchen Details variiert. Auf Huxleys Romane hatte ich mich nicht nur aufgrund der Pionierrolle seiner »Schönen Neuen Welt« konzentriert, sondern vor allem deshalb, weil mir die persönlich konstruktive Wendung des Autors – die sich in seinem Altersroman »Eiland« ausdrückt – gänzlich neu war.

---

41 Vgl. vor allem *https://de.wikipedia.org/wiki/Dystopie* (und hier insbesondere den Abschnitt »Moderne Dystopien«, abgerufen am 06.04.2016).

Eine derartige Wendung bei einem so bekannten Autor halte ich für genauso außergewöhnlich wie erbaulich.

Um diesen Text thematisch abzurunden, fehlt allerdings noch ein Bezug auf apokalyptische Visionen. Mir persönlich haben vor allem die Fiktionen der atomaren Kriegsszenarien in den 1980ern eine Höllenangst bereitet. Was mir seinerzeit nicht bewusst war, ist die Tatsache, dass der Glaube an den nahenden Weltuntergang so alt ist wie das menschliche Denken selbst und die von ihm hervorgebrachten Kulturen. Insbesondere unsere christlich geprägte Kultur wird seit jeher stark von apokalyptischen Visionen begleitet, die fast eine sehnsüchtige Ausprägung besitzen und als geistige Flucht aus dem »irdischen Jammertal« interpretiert werden könnten.

Aktualisiert wurden und werden also lediglich die konkreten Bilder des Untergangs: Statt der Sintflut oder dem Teufel in Person rückten die menschengemachten Perversionen der Technik als Auslöser in den Mittelpunkt der Vorstellungen. Letztlich bleibt aber all dies vergleichsweise uninteressant, denn sofern die Apokalypse wirklich eine endgültige und vollständige ist – der nur noch irgendeine Form von »Jüngstem Gericht« folgen mag –, so haben sich in der Tat alle menschlichen Fragen erübrigt. Die Diskussion vollständiger Apokalypsen ist insofern – quasi definitorisch – kein utopisches, sondern eher ein religiöses oder vielleicht noch ein wissenschaftliches Thema.

Sehr beliebt sind im neueren utopischen Denken dagegen Ideen einer »nur« annähernd vollständigen Selbstausrottung der Menschheit. Die dabei im Grunde implizierte Menschenverachtung übergeht das grausame Ende von Milliarden Artgenossen zumeist salopp, um sich den kreativen Luxus der Beschreibung postapokalyptischer Welten zu leisten. Der besondere Reiz dieser Szenarien liegt darin, dass ihre Schöpfer fast bei Null anfangen können, um sich eine neue, grundlegend gewendete Menschheitszukunft ausdenken zu können. Das Konstruktionsprinzip dieser Geschichten bleibt damit deutlich dem Arche-Noah-Mythos verhaftet.

Zur Illustration dieses utopischen Strickmusters möchte ich mich wiederum nur auf zwei Beispiele aus den letzten Jahrzehnten konzentrieren. Die Auswahl dieser Beispiele erfolgte – wie bislang auch – primär aufgrund meiner subjektiven Vorlieben; sie beansprucht keineswegs, irgendwie repräsentativ zu sein. Sowohl bei diesen Beispielen selbst als auch bei den meisten ihrer Bezüge handelt es um Filme. Bücher spielen aber auch in der Massenkultur der Untergangsszenarien indirekt – als Quellen, Referenzen und Qualitätsindizien – weiterhin eine entscheidende Rolle.

Um die Jahrtausendwende herum (von 1999 bis 2003) entstanden die Kinofilme der »Matrix«-Trilogie, die ein großer Publikumserfolg wurden.[42] Tragend für den kommerziellen Erfolg dürfte die Ausrichtung als Actionstreifen mit seinerzeit äußerst innovativen Spezialeffekten gewesen sein. Was diese Action-Komponente und die Idee eines postapokalyptischen Kampfes zwischen Maschinen und Menschen angeht, so ist die Anlehnung an die etwa fünfzehn Jahre vorher begonnene »Terminator«-Reihe unübersehbar.[43] Es ist auch möglich, Bezüge zu einer Reihe weiterer bekannter Kinoproduktionen des sogenannten Cyberpunk-Genres zu erkennen (z. B. »Blade Runner«, »Total Recall« oder »Brazil«).

Vergleichsweise intelligent wirken die »Matrix«-Filme allerdings aufgrund eines ganz anderen, nicht-apokalyptischen Quellenstrangs: Es geht dabei um die Kernidee von computersimulierten menschlichen Persönlichkeiten, die sich subjektiv für real halten. Gewiss ist es nicht abwegig, in diesem Kontext das »Höhlengleichnis« Platons zu zitieren.[44] Vor rund 2.300 Jahren versuchte der griechische Denker mit diesem Gleichnis die Idee

---

42 Vgl. für weitere Details der Produktion
    https://de.wikipedia.org/wiki/Matrix_%28Film%29
    (abgerufen am 09.04.2016).

43 Vgl. *https://de.wikipedia.org/wiki/Terminator_%28Film%29*
    (abgerufen am 09.04.2016).

44 Vgl. *https://de.wikipedia.org/wiki/H%C3%B6hlengleichnis*
    (abgerufen am 09.04.2016).

zu verdeutlichen, dass die – von unserer sinnlichen Alltagswahrnehmung – als real unterstellten wechselhaften Erscheinungen der stofflichen Welt in Wirklichkeit nur illusionäre und vergängliche Projektionen der unwandelbaren höheren Sphären des Geistes sind.

Es ist allerdings naheliegend, dass sich die Macher beziehungsweise Macherinnen der »Matrix«-Filme – die beiden Wachowski-Geschwister – bei ihrer weltbekannten Filmproduktion konkret statt auf Platon eher auf den 1964 erschienenen Roman »Simulacron-3«[45] von Daniel F. Galouyes oder auf dessen erste filmische Adaption »Welt am Draht«[46] von Rainer Werner Fassbinder (1973) gestützt haben. Zeitgleich mit dem ersten »Matrix«-Film erschien ein Remake des genannten Fassbinder-Films: eine deutsch-amerikanische Produktion unter dem US-Titel »The Thirteens Floor«[47] von Josef Rusnak (1999). Bei dem letztgenannten Film handelt es sich um einen meiner persönlichen Lieblingsfilme. Da er wesentlich bescheidener daherkommt als die sehr aufwändigen »Matrix«-Produktionen, war ihm natürlich auch kein annähernd so großer kommerzieller Erfolg möglich. Alles in allem ist es erstaunlich, dass die Wachowski-Filme mit ihrem wilden und logisch äußerst fragwürdigen Gemisch aus verschiedensten Quellen auch Rezensenten renommierter deutscher Presseorgane überzeugen konnten (»Spiegel Online«, »Frankfurter Allgemeine Zeitung«, vgl. den Verweis der Fußnote 42). Jedenfalls genießen die Filme mittlerweile einen Status als Kult-Produktionen der Popkultur.

Ganz anders verhält sich die Sache mit einem weiteren meiner Lieblingsfilme aus dem Genre der utopischen Science-

---

45 Vgl. *https://de.wikipedia.org/wiki/Simulacron-3* (abgerufen am 27.03.2016).

46 Vgl. *https://de.wikipedia.org/wiki/Welt_am_Draht* (abgerufen am 09.04.2016).

47 Vgl. *https://de.wikipedia.org/wiki/The_13th_Floor_%E2%80%93_Bist_du_was_du_denkst%3F* (abgerufen am 09.04.2016).

Fiction: »Zardoz«[48] ist eine britische Produktion von John Boorman aus dem Jahr 1974. Obwohl auch dieser Film Action-Elemente und sogar viel nackte Haut zu bieten hat, war er kommerziell ein totaler Reinfall. Er ist bis heute ein weitgehend unbekanntes Nischenprodukt geblieben. Selbst die Besetzung der männlichen Hauptrolle mit Sean Connery – der als spärlich bekleideter Halbwilder mit langem Zopf auftritt – konnte die Kinokassen nicht füllen.

Das postapokalyptische Szenario lässt sich grob etwa wie folgt umreißen: Eine abgeschottete winzige Elite der Menschheit hat den Untergang seit mehreren Jahrhunderten überlebt. Die einzelnen Mitglieder der ländlich wirkenden kleinen Elite-Kommune werden körperlich und geistig automatisch reproduziert. Sie können ihrer ewigen Existenz nicht einmal durch Suizid entkommen. Die Kommunarden pflegen zum seelischen Austausch eine Art zwanghafter Gruppenmeditation, die auch den individuellen Schlaf weitgehend ersetzt hat. Logischerweise hat sich unter diesen Bedingungen sogar die menschliche Sexualität erübrigt. Sie wurde als möglicher Störfaktor des harmonischen Gruppenlebens eliminiert. Trotzdem haben degenerative Erscheinungen die vermeintlich perfekten Gleichgewichte nach einigen Jahrhunderten zu stören begonnen. Daher beuten die »Ewigen« die Reste der völlig verarmten und versklavten Außenweltler aus. Dies ist möglich, da sich die Ökologie der Außenwelt zum Teil regenerieren konnte. Einem besonders begabten »Brutalen« der Außenwelt (Connery als »Zed«) gelingt es, den pseudo-religiösen Schein seiner Existenz zu durchschauen und das gesamte System – dessen gesammeltes Wissen und Schutzmechanismus in einem kleinen Computerkristall gespeichert sind – geistig zu sprengen. Der Befreier Zed kehrt mit einigen noch fruchtbaren Frauen der Elite zu einer natürlichen Lebensweise der geschlechtlichen Dialektik zurück.[49]

---

48 Vgl. http://www.critic.de/film/zardoz-3912/
    (abgerufen am 24.12.2015).

49 Obwohl der inhaltliche Gehalt und die philosophische Tiefe von »Zardoz« – nach meinem Dafürhalten – durchaus einen Vergleich mit

Nach fast einem Jahrhundert moderner Utopietraditionen im Hinblick auf dystopische und apokalyptische Themen – gerechnet ab dem Erscheinen von Samjatins »Wir« im Jahr 1920 – schält sich die folgende Erkenntnis heraus: Das Durchspielen aller nur erdenklichen Variationen unseres Untergangs wühlt die meisten Menschen nicht mehr wirklich auf! Statt Betroffenheit oder gar Angst hat sich eine Art psychischer Distanzierung oder gar Immunisierung gegenüber dem eigentlichen Ernst dieser Themen verbreitet. Die Reduzierung der Vielfalt apokalyptischer Visionen auf pure Unterhaltung hat zu einem Grad von Abstumpfung geführt, der vor 30 Jahren noch undenkbar gewesen wäre. Offengestanden weiß ich selbst nicht, ob ich das gut oder schlecht finden soll!

Ein ähnlicher Effekt der innerlichen Distanzierung gelingt auch mit einer extremen zeitlichen Ausdehnung des Zukunftshorizonts. Adrian Berry und Jesco von Puttkamer haben sich getraut, wissenschaftlich fundierte Zukunftsbilder zu entwerfen, die mögliche Entwicklungen im Bereich von mehreren hundert oder gar mehreren tausend Jahren beschreiben. Im Hinblick auf die weitere menschlich-kulturelle Evolution sind dies gewiss ungewöhnlich ambitionierte Zeitspannen. Ein interdisziplinäres Wissenschaftlerteam – das hauptsächlich aus Biologen, Geologen und Klimaforschern bestand – ist dagegen noch deutlich weiter gegangen: In den computergestützten, »dokufiktionalen« Animationsfilmen der BBC-Serie »Die Zukunft ist wild« werden Zeitspannen der möglichen zukünftigen Evolution auf diesem Planeten dargestellt, die in den Bereich von Millionen von Erdjahren vorstoßen![50]

»Solaris« vom Stanislaw Lem aushalten würde, hat es keine entsprechende intellektuelle Würdigung der Boorman-Produktion gegeben. Dies mag zum Teil an dem äußeren Schein der erotisierten Action-Komponente des Films liegen. Der Hauptgrund dürfte aber vermutlich einfach darin zu finden sein, dass es keine Buchvorlage eines bekannten Autors für den Film gab.

50 Vgl. https://de.wikipedia.org/wiki/Die_Zukunft_ist_wild (abgerufen am 27.03.2016).

Schon der erste Sprung katapultiert uns gedanklich fünf Millionen Jahre in die Zukunft. Fragen nach dem Wie, Wann und Warum des Verschwindens unserer Spezies können durch diese Horizonterweiterung plausiblerweise von vornherein ausgeblendet werden. Untersucht und filmisch dargestellt werden stattdessen Antworten auf die Frage, welche Arten die biologische Evolution auf der Erde – unter Absehung des menschlichen Einflusses – in den nächsten Jahrmillionen eventuell hervorbringen könnte.

Dabei werden realistischerweise mögliche klimatische Bedingungen und großräumige Kontinentalverschiebungen unterstellt. In weiteren, noch extremeren Zeitsprüngen geht es dann sogar um 100 und um 200 Millionen Jahre in die Zukunft. Am Schluss dieser Fiktionsspanne hat das Erscheinungsbild des Planeten keine Ähnlichkeiten mehr mit dem heutigen Bild der Erde: Sämtliche Kontinente könnten zu einer einzigen, riesigen, miteinander verbundenen Landmasse zusammengerückt sein, umgeben von einem endlos wirkenden, einzigen Weltmeer. Die höher entwickelten Tiere unseres Erdzeitalters sind fast alle ausgestorben. Stattdessen haben sich gänzlich neue Lebewesen aus heutigen Vorgängern entwickelt.

Immerhin bieten die Forscher unserem irrationalen Wunsch nach irgendeiner Form der manifesten Verewigung ein kleines Trostpflaster an: Sie stellen uns einen sogenannten »Tentakelwald« vor: Am Rande des Superkontinents – dessen Mitte eine riesige Wüste bildet, in der nur Insekten überleben können – ist ein üppiger Regenwald entstanden. Er bietet höher entwickelten Tieren reichlich Nahrung. Aus den uns bekannten Tintenfischen – und aus anderen Kopffüßern der Menschenära – ist eine Vielzahl von fiktiven neuen Landlebewesen evolviert. Unter ihnen gibt es die kleinen »Kletterkalmare«, die sich in 200 Millionen Jahren vielleicht auf den Weg begeben könnten, um durch ihre genauso spielerische wie clevere und effektive Gruppenkoordination eine neue zivilisatorische Intelligenz zu entfalten.

Überblick der verwendeten Quellen

Literatur
Einige der nachfolgend aufgeführten Bücher sind nur noch antiquarisch verfügbar:

- Adrian **Berry: The Next 500 Years**. Life in the Coming Millennium. New York 1996.
- Alexander A. **Bogdanow: Der rote Planet**. Villingen-Schwenningen 2014 (Nachdruck, russisches Original 1907/1908).
- Aldous **Huxley: Eiland**. München/Berlin 2015 (Taschenbuchausgabe, Übersetzung 1973, englisches Original 1962).
- Aldous **Huxley: Schöne Neue Welt**. Frankfurt am Main 2013 (Neuübersetzung, englisches Original 1932).
- Ursula K. **Le Guin: Planet der Habenichtse**. München 1994 (Taschenbuchausgabe, Übersetzung 1976, US-Original 1974).
- Thomas **Schölderle: Geschichte der Utopie**. Eine Einführung. Köln u. a. 2012.
- Jesco **von Puttkamer: Jahrtausendprojekt Mars**. Chance und Schicksal der Menschheit. München 1996.

Der Brockhaus multimedial 2006 premium (DVD-Ausgabe)
Die nachfolgend wiedergegebenen Brockhaus-Artikel finden sich mit den genannten Stichworten in der – gegenüber der Buchausgabe gekürzten – digitalen Ausgabe der antiquarischen Enzyklopädie:
- Suchbegriff: **Huxley**
- Suchbegriff: **Schöne neue Welt**
- Suchbegriff: **Kommunismus**
- Suchbegriff: **Marxismus**

Wikipedia

Überblick sämtlicher Hinweise auf Wikipedia-Artikel innerhalb dieser Arbeit:

- **Adrian Berry***
  https://en.wikipedia.org/wiki/Adrian_Berry,_4th_Viscount_Camrose
  (Abruf: 06.03.2016)
- **Aldous Huxley***
  https://de.wikipedia.org/wiki/Aldous_Huxley
  (Abruf: 23.01.2016)
- **Alexander A. Bogdanow***
  https://de.wikipedia.org/wiki/Alexander_Alexandrowitsch_Bogdanow
  (Abruf: 02.04.2016)
- **Die Enteigneten***
  https://de.wikipedia.org/wiki/Die_Enteigneten
  (Abruf: 06.03.2016)
- **Die Zukunft ist wild***
  https://de.wikipedia.org/wiki/Die_Zukunft_ist_wild
  (Abruf 27.03.2016)
- **Dystopie**
  https://de.wikipedia.org/wiki/Dystopie
  (Abruf 06.04.2016)
- **File: Ice Age Temperature de.png***
  https://commons.wikimedia.org/wiki/File:Ice_Age_Temperature_de.png
  (Abruf 30.03.2016)
- **Geschichte der Schrift**
  https://de.wikipedia.org/wiki/Geschichte_der_Schrift
  (Abruf 27.03.2016)
- **Höhlengleichnis**
  https://de.wikipedia.org/wiki/H%C3%B6hlengleichnis
  (Abruf 09.04.2016)
- **Homo**
  https://de.wikipedia.org/wiki/Homo
  (Abruf 27.03.2016)

- **Island (Huxley novel)***
  https://en.wikipedia.org/wiki/Island_%28Huxley_novel%29
  (Abruf: 13.01.2016)
- **Jesco von Puttkamer***
  https://de.wikipedia.org/wiki/Jesco_von_Puttkamer_%28NASA%29
  (Abruf: 06.03.2016)
- **Matrix (Film)**
  https://de.wikipedia.org/wiki/Matrix_%28Film%29
  (Abruf 09.04.2016)
- **Mensch**
  https://de.wikipedia.org/wiki/Mensch
  (Abruf 27.03.2016)
- **Moderne**
  https://de.wikipedia.org/wiki/Moderne
  (Abruf 08.04.2016)
- **Neolithische Revolution**
  https://de.wikipedia.org/wiki/Neolithische_Revolution
  (Abruf 27.03.2016)
- **Schöne neue Welt***
  https://de.wikipedia.org/wiki/Schöne_neue_Welt
  (Abruf: 23.01.2016)
- **Simulacron-3***
  https://de.wikipedia.org/wiki/Simulacron-3
  (Abruf 27.03.2016)
- **Solaris (Roman)**
  https://de.wikipedia.org/wiki/Solaris_%28Roman%29
  (Abruf 09.04.2016)
- **Star Trek**
  https://de.wikipedia.org/wiki/Star_Trek
  (Abschnitt »Einführung«, Abruf 25.03.2016)
- **Terminator (Film)**
  https://de.wikipedia.org/wiki/Terminator_%28Film%29
  (Abruf 09.04.2016)

- **The 13th Floor – Bist du was du denkst?**
  https://de.wikipedia.org/wiki/The_13th_Floor_%E2%80%93_Bist_du_was_du_denkst%3F
  (Abruf 09.04.2016)
- **Ursula K. Le Guin***
  https://de.wikipedia.org/wiki/Ursula_K._Le_Guin
  (Abruf: 02.04.2016)
- **Utopie***
  https://de.wikipedia.org/wiki/Utopie
  (Abruf: 28.11.2015)
- **Welt am Draht**
  https://de.wikipedia.org/wiki/Welt_am_Draht
  (Abruf 09.04.2016)

Die mit einem Stern * gekennzeichneten Artikel besitzen im Kontext dieser Arbeit eine besondere Wichtigkeit.

Sonstige Artikel

Die mit den nachfolgenden Links zu findenden Artikel besitzen für den Abschnitt 4.2 eine besondere Wichtigkeit:

- critic.de: **Zardoz**
  http://www.critic.de/film/zardoz-3912/
  (Abruf 24.12.2015)
- tagesspiegel.de: **Fällt die nächste Eiszeit aus?**
  http://www.tagesspiegel.de/wissen/klimawandel-faellt-die-naechste-eiszeit-aus/12827036.html
  (Abruf 30.03.2016)
- scienexx.de:
  Klimawandel unterdrückt die nächste Eiszeit
  http://www.scinexx.de/wissen-aktuell-19729-2016-01-14.html
  (Abruf 30.03.2016)
- spiegel.de: **Die nächste Eiszeit fällt aus**
  http://www.spiegel.de/wissenschaft/natur/klima-die-naechste-eiszeit-faellt-aus-a-1071893.html
  (Abruf 17.01.2016)

Artikel aus
»Der Brockhaus multimedial 2006 premium«

Huxley

[ˈhʌksli], Aldous, englischer Schriftsteller und Kritiker, *Godalming (County Surrey) 26.7.1894, Los Angeles (Kalifornien) 22.11.1963, Bruder von Andrew Fielding Huxley und Julian Sorell Huxley, Enkel von Thomas Huxley; ab 1937 in Kalifornien, beschäftigte sich mit fernöstlicher Philosophie; verfasste in geschliffener präziser Sprache satirisch-realistische Romane, z. B. »Parallelen der Liebe« (1925), »Kontrapunkt des Lebens« (1928), stellte den Fortschrittsglauben mit desillusionierenden Bildern einer zukünftigen automatisierten Welt bloß (»Schöne neue Welt«, 1932; »Affe und Wesen«, Roman, 1948) und schuf einen Gegenentwurf (»Eiland«, 1962). In den späteren Werken beschäftigte sich Huxley mit philosophischen Problemen (»Die ewige Philosophie«, 1944). 1958 erschien »Dreißig Jahre danach oder Wiedersehen mit der wahren neuen Welt«.

(c) Bibliographisches Institut & F. A. Brockhaus AG, 2006

Schöne neue Welt
von **Aldous Huxley**

Originaltitel	*Brave New World*
Originalausgabe	*1932 (306 S.)*
Deutschsprachige Erstausgabe	*1932*
Form	*Roman*
Epoche	*Moderne*

Aldous Huxleys Hauptwerk gehört neben *Fahrenheit 451* (1953) von Ray Bradbury sowie *Farm der Tiere* (1945) und *1984* (1949) von George Orwell zu den großen fortschritts- und gesellschaftskritischen Werken des 20. Jahrhunderts. In der Anti-Utopie *Schöne neue Welt* malt Huxley eindringlich desillusionierende Bilder einer künftigen automatisierten, aller natürlichen Impulse beraubten Welt.

Inhalt: *Schöne neue Welt* spielt im Jahr 632 »nach Ford«, nach unserer Zeit im 26. Jahrhundert. Als Jahr Null hat man das Jahr herangezogen, in dem Henry Ford mit der Herstellung des ersten Ford-T-Modells, einem Meilenstein der industriellen Massenproduktion, begann. Die Maxime des Staatsgebildes, in dem an die Stelle Gottes und der Religion die Idee von Massenproduktion und -konsum getreten ist, lautet »Gemeinschaftlichkeit, Einheitlichkeit, Beständigkeit«. Babys werden nicht mehr ausgetragen, sondern in »Brut- und Normzentralen« in Flaschen »gezüchtet«. Die Gleichförmigkeit des Menschen wird mittels genetischer Manipulationen vervielfältigt. Nach der »Entkorkung«, der Geburt der Kinder, werden die Kinder »genormt«. Die Einteilung der Menschen erfolgt in fünf Kasten; zu diesem Zweck werden den Kindern im Schlaf »Weisheiten« eingetrichtert. Hierdurch ist es möglich, »das Problem des Glücks« zu lösen, »das Problem, wie man Menschen dahin bringt, ihr Sklaventum zu lieben«. Das angestrebte universelle Glück ist nur durch Kontrolle von destabilisierenden Faktoren erreichbar. Für die Flucht aus Momenten des persönlichen Ungleichgewichts steht die Droge »Soma« zur Verfügung.

Dieser programmierten Welt stehen drei Außenseiter gegenüber: der »Wilde« John Savage, der aus dem Indianerreservat Malpais kommt, sowie Bernard Marx (dt. Sigmund Marx) und Helmholtz Watson (dt. Helmholtz Holmes Watson). Ein »Fabrikationsfehler« bei Bernard zieht nach sich, dass er dem Idealbild der ihm zugedachten Kaste nicht entspricht und anachronistische Liebesgefühle für Lenina Crowne entwickelt. Helmholtz bildet aufgrund seiner geistigen Überlegenheit eine nicht staatskonforme Individualität aus. Savage und Helmholtz versuchen, einen Aufstand anzuzetteln, doch sie scheitern: Helmholtz und Bernard müssen ins Exil, Savage bleibt schließlich allein der Selbstmord als Ausweg.

Aufbau: Der Roman gliedert sich in zwei Hauptteile mit 18 Kapiteln. Haupt- und Nebenstränge der Erzählung sind den Darstellungstechniken des Mediums Film vergleichbar durch häufige Episodenwechsel miteinander verflochten. Im ersten Hauptteil, den Kapiteln 1 bis 9, erfolgt eine Einführung in die Gesellschaft der »Soma-Kultur«, werden die Bemühungen der Außenseiter Bernard und Helmholtz, sich frei zu entfalten, und der Aufenthalt im Indianerreservat geschildert. Im zweiten Hauptteil, den Kapiteln 10 bis 18, wird anhand der Figur John Savage aufgezeigt, wie das Gesellschaftssystem der »schönen neuen Welt« auf Außenseitertum reagiert.

Wirkung: Mit dem Roman *Schöne neue Welt* erreichte Huxley eine immense Popularität. Auf dem Hintergrund der aktuellen Gentechnikdiskussion erhält das Werk eine neue Brisanz.

Viola Rönsch

(c) Bibliographisches Institut & F. A. Brockhaus AG, 2006

Kommunismus

[lateinisch communis »gemeinsam«] der, um 1840 in Frankreich entstandener politisch-ideologischer Begriff in mehreren Bedeutungen: 1) gesellschaftstheoretische Utopien, die auf der Idee der sozialen Gleichheit und Freiheit aller Gesellschaftsmitglieder auf der Basis von Gemeineigentum und kollektiver Problemlösung beruhen; 2) ökonomische und politische Lehren mit dem Ziel der Errichtung einer herrschaftsfreien und klassenlosen Gesellschaft, die sich wesentlich auf die Theorien von K. Marx, F. Engels und W. I. Lenin stützen; 3) politische Parteien, Bewegungen und Herrschaftssysteme mit dem Ziel, derartige Lehren in die Praxis umzusetzen. Historisch ist eine Abgrenzung zum Sozialismus nicht immer möglich.

Vorläufer und Frühformen:

Elemente kommunistischer Ideen finden sich in antiken Staats- und Gesellschaftstheorien (Platon, Vertreter der Stoa), in den Ideen und dem Zusammenleben der christlichen Urkirche, in mittelalterlichen Sekten (radikale Teile der Bettelorden, Albigenser), bei T. Müntzer, in utopischen Staatsromanen der Neuzeit (u. a. T. Morus, T. Campanella) sowie im Gefolge der Französischen Revolution (v. a. F. N. Babeuf, L. A. Blanqui, C. Fourier, R. Owen, É. Cabet). Um eine wissenschaftliche Begründung des Kommunismus aus ökonomischer, politischer und philosophischer Sicht war M. Hess bemüht.

Entwicklung von Marx bis Lenin:

Fast alle kommunistischen Bewegungen ab der 2. Hälfte des 19. Jahrhunderts waren wesentlich vom Marxismus beeinflusst. Marx, der gemeinsam mit Engels das 1848 erschienene »Kommunistische Manifest« verfasste, betrachtete den Kommunismus als reale Bewegung, die unter Überwindung der bürgerlichen Gesellschaft einen Zustand der freien Selbstentfaltung des Menschen ermöglichen sollte. Notwendig sei dazu der revolutionäre Sieg des Proletariats im Klassenkampf mit der Bourgeoisie, um durch Beseitigung des Privateigentums an den Produktionsmitteln und durch Aufhebung aller Klassen die Emanzipation des Menschen von sämtlichen ökonomischen, politischen, sozialen und religiösen Zwängen zu bewirken. Auch die so unmittelbar auf den Kapitalismus folgende Gesellschaftsformation bezeichnete Marx als Kommunismus, den er in eine »niedere« Phase der Verteilung nach Leistung und eine »höhere« Phase der Verteilung nach Bedürfnissen unterteilte. Dieses Prinzip wurde in der UdSSR und in den nach ihrem Gesellschaftsmodell geformten Staaten übernommen und die erste Phase als Sozialismus, die zweite als Kommunismus bezeichnet.

Die in der 2. Hälfte des 19. Jahrhunderts entstandenen Parteien der Arbeiterbewegung in West- und Mitteleuropa waren (unter Beibehaltung einer grundsätzlichen Kritik an der damaligen Gesellschaftsordnung) gezwungen, aufgrund der drängenden tagespolitischen Aufgaben einer reformistischen Praxis innerhalb des gegebenen staatlichen Rahmens den Vorrang vor der unmittelbaren Forderung nach einer sozialistisch-kommunistischen Gesellschaftsordnung zu geben. V. a. E. Bernstein forderte eine Revision der Lehren von Marx und Engels (Revisionismus, Sozialdemokratie).

Marxismus-Leninismus:

Diese Entwicklung in der Sozialdemokratie wurde v. a. von Lenin bekämpft, dem zufolge der Kapitalismus in die Phase des Imperialismus eingetreten sei. Notwendig sei eine »Partei neuen Typs«, die, nach dem Prinzip des demokratischen Zentralismus organisiert, als kommunistische Avantgarde das Klassenbewusstsein in die Arbeiterklasse hineintragen und diese politisch führen müsse. Seit Lenin, unter dessen Führung mit der Oktoberrevolution 1917 in Russland das erste kommunistische Herrschaftssystem errichtet wurde, kennzeichnen dieses (in verschiedenen Spielarten) in der Regel folgende Merkmale: 1) der Marxismus-Leninismus als verpflichtende Weltanschauung; 2) eine auf der Vergesellschaftung beziehungsweise Verstaatlichung aller Produktionsmittel fußende Wirtschafts- und Sozialordnung, die (meist) zentral gelenkt und geplant wird; 3) eine Herrschaftsform mit einer leninistischen Partei als entscheidendem Machtträger in Form der Diktatur des Proletariats.

Entwicklung nach 1917:

Bestimmend war die Tatsache, dass die Sowjetunion lange Zeit das einzige (selbstständige) kommunistisch regierte Land blieb. Die unter dem Eindruck der russischen Oktoberrevolution gebildeten kommunistischen Parteien anderer Staaten (z. B. die Kommunistische Partei Deutschlands) verloren bis Mitte der 1920er-Jahre ihre Unabhängigkeit an die zunehmend von der KPdSU beherrschte Komintern. In der Sowjetunion selbst entstand die Diktatur Stalins (Stalinismus), die das Bild des Kommunismus historisch entscheidend geprägt hat.

Entwicklung seit 1945:

In der Folge des Zweiten Weltkriegs gewann die UdSSR die von der Roten Armee besetzten Gebiete Ost-, Südost- und Mitteleuropas als Einflussbereich. Zunächst waren die dortigen Staaten um einen eigenen nationalen Weg zum Sozialismus auf der Basis von Volksfrontbündnissen bemüht. Spätestens nach der (meist) zwangsweisen Vereinigung der sozialdemokratischen mit den kommunistischen Parteien in zahlreichen dieser Länder erfolgte der Aufbau des Sozialismus jedoch nach sowjetischem Modell. Demokratisierungsversuche nach dem Tode Stalins (1956; Polen, Ungarn) und in der Folgezeit

(1968, ČSSR) wurden niedergeschlagen. Allerdings entzogen sich v. a. Jugoslawien (1948) und China (1963) dem Einfluss der Sowjetunion und versuchten einen nationalen Weg zum Kommunismus. Auch die kommunistischen Parteien Westeuropas betonten ab Mitte der 1960er-Jahre zunehmend ihre Eigenständigkeit gegenüber Moskau und entwickelten neue politische Konzepte (Eurokommunismus, Reformkommunismus).

Systemimmanente Konflikte:

Das ökonomische System der kommunistisch regierten Staaten Europas erwies sich als nicht effizient. Durch eine streng zentralisierte staatliche Kommandowirtschaft und dogmatische Leitung aller gesellschaftlichen Prozesse wurden außerdem Initiativen jeder Art unterdrückt. Die Nichtgewährung demokratischer Grundrechte und der Versuch, den Einfluss der kommunistischen Parteien und ihrer Ideologie in allen Lebensbereichen durchzusetzen, führten zu einer fortschreitenden Abkehr vieler Menschen vom kommunistischen System und zu einem Rückzug in die Privatsphäre. Jedoch entstanden trotz der auf dem Informationsmonopol des Staates beruhenden, zielgerichteten ideologischen Beeinflussung der Bevölkerung und des rücksichtslosen, teilweise unmenschlichen Vorgehens der Geheimdienste in allen kommunistisch regierten Staaten Bürgerrechtsbewegungen, deren Kampf um Freiheit und Menschenrechte v. a. von der Gewerkschaftsbewegung (Polen) und kirchlichen Gruppen (DDR) getragen wurde, die sich aber auch eigenständig profilieren konnten (ČSSR, Ungarn). Zusätzlich motivierende Impulse erhielt diese Entwicklung seit Mitte der 1970er-Jahre durch die Ergebnisse der KSZE sowie v. a. seit Mitte der 1980er-Jahre durch die Reformbestrebungen innerhalb der Kommunistischen Partei der Sowjetunion unter M. S. Gorbatschow. Seit Ende der 1980er-Jahre wurden die bisher herrschenden kommunistischen Parteien Mittel- und Südosteuropas von ihren Machtpositionen verdrängt oder mussten ihre Alleinherrschaft aufgeben.

Zerfall des kommunistischen Weltsystems:

Der Zerfall des kommunistischen Weltsystems diskreditierte die gesellschaftstheoretische Idee des Kommunismus erheblich. V. a. die kommunistischen Parteien Westeuropas (Frankreich, Italien, Spanien) bemühten sich um eine innerparteiliche Demokratisierung und Neubestimmung ihrer politischen Ziele (z. B. Verzicht auf die Diktatur des Proletariats; Änderung des Parteinamens). Auch der Versuch, kommunistische Herrschaftssysteme in Ländern der Dritten Welt zu installieren, kann als gescheitert angesehen werden (u. a. Äthiopien, Moçambique). Nach dem Zusammenbruch der kommunistischen Herrschaftssysteme in Mittel-, Ost- und Südosteuropa (1989-91) bestehen kommunistisch geführte Gesellschaftssysteme v. a. noch mit Einschränkungen in der VR China (China, Geschichte, Kommunistische Partei Chinas), in Nord-Korea, Laos, Vietnam und Kuba.

Kommunistische Utopiediskussion:

Im geistes- und sozialwissenschaftlichen Bereich sind sowohl die kommunistische Utopie einer gerechten Gesellschaft als auch der Marxismus (mit seinem Anspruch, dieser Utopie eine philosophisch-wissenschaftliche Grundlage zu geben) in der Diskussion. Durch »Das Schwarzbuch des Kommunismus« (1997) von S. Courtois u. a., das aufgrund der Öffnung der Archive zu dem Ergebnis kommt, dass der Kommunismus weltweit über 80 Mio. Opfer gefordert hat, entbrannte die Diskussion um die Vergleichbarkeit von Kommunismus und Nationalsozialismus als totalitären Systemen neu.

Hier finden Sie in Überblicksartikeln weiterführende Informationen:
→ Sozialismus: Sozialismus im 20. Jahrhundert

(c) Bibliographisches Institut & F. A. Brockhaus AG, 2006

Marxismus

der, zusammenfassende Bezeichnung für die von K. Marx und F. Engels entwickelten philosophischen, politisch-sozialen und ökonomischen Lehren, im weiteren Sinn auch deren Interpretation und Weiterentwicklung.

Historischer Materialismus:

Eine wichtige Quelle für den Marxismus ist die Philosophie G. W. F. Hegels und der »Linkshegelianer« (A. Ruge, B. Bauer, L. Feuerbach u. a.). Allerdings stellt Marx Hegel »vom Kopf auf die Füße«, das heißt, er interpretiert die idealistische Dialektik Hegels materialistisch: Der historische Prozess wird vom Widerspruch zwischen **Produktivkräften** (menschliche Arbeitskraft beziehungsweise Fertigkeiten, materielle Produktionsmittel) und **Produktionsverhältnissen** (soziale Organisationsformen, v. a. Rechts-, Eigentums- und Herrschaftsverhältnisse) vorangetrieben. Zu diesem Widerspruch kommt es, weil die Menschen die Produktivkräfte ständig fortentwickeln, um ihre immer neu und erweitert entstehenden Bedürfnisse befriedigen zu können. Wenn die Produktionsverhältnisse nicht mehr der Entwicklung der Produktivkräfte entsprechen, kommt es zu gesellschaftlichen Krisen, die zur Revolution führen können, zur Ablösung der herrschenden, das heißt über die Produktionsmittel verfügenden Klasse und zu neuen Produktionsverhältnissen. Geprägt und abhängig von der gesellschaftlichen **Basis**, das heißt der jeweiligen Produktionsweise (Produktionsverhältnisse und Produktivkräfte) und der sich daraus ergebenden Klassen- und Interessenlage, bildet sich ein politischer, juristischer, kultureller und religiöser **Überbau**, der mit der Basis in dialektischer Wechselbeziehung steht. Marx erklärte so den Wechsel der herrschenden Klassen, Gesellschaftsformationen und Denkepochen in der Folge: Urgesellschaft – Sklavenhaltergesellschaft – Feudalismus –

Kapitalismus – Sozialismus – Kommunismus. Bis zum Sozialismus ist nach Marx die Geschichte eine »Geschichte von Klassenkämpfen« (Klassenkampf), zu denen es immer wieder gesetzmäßig kommt; von da an soll bewusstes gesellschaftliches Handeln im Einklang mit den gesellschaftlichen Entwicklungsgesetzen entstehen. Diese Lehre wird allgemein als **historischer Materialismus** bezeichnet.

Bewertung des Kapitalismus:

Konkretisiert ist die Lehre des Marxismus besonders an der geschichtlichen Epoche des Kapitalismus. Die Bourgeoisie als Vertreterin handwerklicher und sonstiger vorindustrieller kapitalistischer Produktionsweise löst den Feudaladel u. a. durch eine Revolution (z. B. die Französische Revolution) als herrschende Klasse ab und führt neue Produktionsverhältnisse in Form von Privateigentum an den Produktionsmitteln, gesellschaftlicher Arbeitsteilung, Geldwirtschaft und Befreiung der Leibeigenen und Hörigen ein, wodurch das Industrieproletariat entsteht und das Fabriksystem sowie die industrielle Produktion sich entwickeln kann. Während der Epoche des Kapitalismus basiert das Wachstum der Produktion auf Ausbeutung, indem sich die Kapitalisten den von den Arbeitern hervorgebrachten **Mehrwert** aneignen und damit die Erweiterung ihres Privateigentums durch »Akkumulation« betreiben. Zum Nachweis der Ausbeutung dient Marx die Arbeitswerttheorie, zu der er besonders durch D. Ricardo angeregt wurde. Im Kapitalismus wird die menschliche Arbeitskraft zur Ware. Sie wird von den besitzlosen Proletariern angeboten und hat die Eigenschaft, mehr Werte zu schaffen, als zu ihrer Reproduktion benötigt werden (Lebensmittel u. a.); der Kapitalist kann sich die Differenz zwischen produzierten Werten und Lohn, das heißt den Mehrwert, aneignen; also werden die Arbeiter nach Marx ausgebeutet. Die durch den unkontrollierten privaten Akkumulationsprozess und die im Marktsystem ungenügend koordinierte gesellschaftliche Arbeitsteilung in verstärktem Maße entstehenden ökonomischen Krisen (Konjunkturzyklen, ausgelöst durch »Überakkumulation« oder »Unterkonsumtion«, Verdrängung kleiner und mittlerer Unternehmen durch Großunternehmen, Sinken der aus dem Mehrwert entstandenen Profitrate), die mit einer Verelendung des Proletariats durch Sinken des Lohns auf das Existenzminimum (**Verelendungstheorie**) einhergehen, würden gesamtgesellschaftliche Planung notwendig machen; die kapitalistischen Produktionsverhältnisse werden zum Hemmnis für die Produktivkräfte. Das Industrieproletariat hat nach Bildung der ihm adäquaten Organisationsform nun die historische Mission, die politische und ökonomische Macht zu erobern und sozialistische Produktionsverhältnisse, besonders Kollektiveigentum und gesellschaftliche Planung, einzuführen. Erst nachdem diese Aufgabe im Rahmen der Diktatur des Proletariats erfüllt ist, kann im Kommunismus der Staatsapparat »absterben«.

Kontroverse Auslegungen:

Sowohl die Vieldeutigkeit der Lehren als auch die Notwendigkeit zur Umdeutung, da Vorhersagen von Marx nur zum Teil eintraten (Ausbleiben oder Scheitern der Versuche einer sozialistischen Revolution nach dem Ersten Weltkrieg, besonders in den industriell höchstentwickelten Ländern, die Unhaltbarkeit der Verelendungstheorie), führten zu kontroversen Auslegungen, so zum Revisionismus, zu deterministischem Vertrauen auf das Wirken der Geschichtsgesetze (K. Kautsky), zum Austromarxismus; besonders lebhaft war die Marx-Diskussion und -Interpretation in den 1920er-Jahren (v. a. E. Bloch, G. Lukács, Karl Korsch [*1886, 1961]; von der Generallinie in der UdSSR abweichend auch Trotzki, Bucharin und die verschiedenen Rätebewegungen); sie bildete die Wurzel des Neomarxismus und des Eurokommunismus.

Marxismus-Leninismus:

Die Hauptströmung des Marxismus wurde jedoch der **Marxismus-Leninismus**. Dieser gründet sich auf die von W. I. Lenin vorgenommene Anpassung der Lehren von Marx und Engels an die sozialen und politischen Verhältnisse Russlands im frühen 20. Jahrhundert. Der Leninismus berücksichtigt über die Lehren des Marxismus hinaus den Eintritt des Kapitalismus in das Stadium des Imperialismus und vertritt die Lehre von der »ungleichmäßigen Entwicklung« der verschiedenen am kapitalistischen Weltmarkt teilnehmenden Gesellschaften. Während Marx annahm, dass die proletarische Revolution von den hoch industrialisierten Staaten Mittel- und Westeuropas ausgehen würde, behauptete und betrieb der Leninismus mit Erfolg den revolutionären Durchbruch in einem relativ rückständigen, agrarischen Land. Lenin formulierte darüber hinaus die Lehre von der »Partei neuen Typs«, die als »klassenbewusste Vorhut des Proletariats« die Führung und Erziehung der werktätigen Massen zu übernehmen habe. Durch die sowjetische Vormachtstellung in der Komintern wurde die Organisationstheorie Lenins lange Zeit für alle kommunistischen Parteien verbindlich. Die Nachfolger Lenins, v. a. Stalin, bauten den Marxismus-Leninismus zu einer Weltanschauungslehre mit dogmatischen Zügen und universalem Anspruch aus.

Dialektischer Materialismus:

Neben die politisch-sozialen und ökonomischen Lehren wurde der systematisierte **dialektische Materialismus** gestellt, der v. a. auf Engels' Annahme einer »Dialektik der Natur« beruht. Nach dieser Lehre sind alle Erscheinungen der Welt materiell oder aus Materie hervorgegangen; zum philosophischen Materialismus tritt die Auffassung von der Entwicklung der Welt als ein Prozess, der sich ständig in Gegensätzen bewegt. Bestimmt wird dieser Prozess vom Gesetz des Umschlagens quantitativer Veränderungen in qualitative und vom Gesetz der Negation der Negation (entspricht der hegelschen Antithese und Synthese).

Neue Gesellschaftsmodelle:

Mit der Entstalinisierung (1956) traten in den kommunistischen Staaten zunehmend Systemkritiker hervor, die eine Liberalisierung und zum Teil Überwindung des Kommunismus und Marxismus forderten (Reformkommunismus). Ein eigenes Gesellschaftsmodell mit Leitung der Produktion durch Arbeiterräte (Titoismus) wurde in Jugoslawien erprobt. Mao Zedong entwickelte eine neue Theorie der proletarischen Revolution (Maoismus). Auch andere kommunistische Parteien gingen zum Teil eigene Wege. Am Ende des 20. Jahrhunderts reduzierten sich die vom Marxismus abgeleiteten Gesellschaftsmodelle durch den faktischen Zusammenbruch des marxistisch-leninistisch begründeten real existierenden Sozialismus auf neomarxistische Ansätze und die Auseinandersetzung mit dem Stalinismus.

Hier finden Sie in Überblicksartikeln weiterführende Informationen:
→ Marxismus: Historische Entwicklung
→ Marxismus-Leninismus: Über den dialektischen und historischen Materialismus

(c) Bibliographisches Institut & F. A. Brockhaus AG, 2006

Nachwort

Utopien sind mächtige Werkzeuge des Zeitgeistes. Gelingt es ihnen, verbreitete soziale Sehnsüchte oder Ängste zu veranschaulichen, so wirken Utopien als kulturelle Verstärker: Einfache Thesen werden auf diese Weise zu vermeintlichen Selbstverständlichkeiten, Meinungen werden zu scheinbaren Wahrheiten oder gar zu sich selbst erfüllenden Prophezeiungen.

Unsere Zukunft ist kein Schicksal. Sie ist vielmehr eine offene soziale Konstruktion. Unsere menschliche Welt ist sozusagen ein kollektives Kunstwerk: geboren aus unseren mehr oder weniger bewussten Versuchen, mit den vorgegebenen Fakten unserer persönlichen Existenz und unserer Umgebung klarzukommen. Es ist nicht sicher, ob oder inwieweit sich die Ewigkeit für all unsere dabei auftretenden Freuden und Leiden interessiert.

Sicher ist dagegen der einfache Umstand, dass es uns in der uns verfügbaren Zeitspanne umso besser ergeht, je stärker wir dazu in der Lage sind, mit uns selbst, mit unseren Mitmenschen und mit der uns tragenden Natur dieses Planeten in Liebe umzugehen. Bei dieser *Weltliebe* geht es allerdings weniger um Leidenschaftlichkeit und Hingabe, nötig sind eher sanfte und zärtliche Annäherungen an die Tatsachen, ohne übermäßige Naivität, aber dafür mit Augenmaß und Realismus.

Eine nur durchschnittliche Portion Realismus ist bereits ausreichend für die Erkenntnis, dass menschliche Konstruktionen niemals wirklich perfekt und ideal ausfallen können und werden. Trotzdem sind idealisierte utopische Weltentwürfe sinnvoll: Sie können uns als Maßstab für weiterhin mögliche Verbesserungen der gesellschaftlichen Verhältnisse dienen – genauso wie dystopische Negativszenarien uns helfen können, Gefahren der kollektiven kulturellen Evolution klarer zu erkennen. Wir können dieses Warnungen nutzen, um die vielen denkbaren Varianten eines vorzeitigen Niedergangs zu vermeiden!

Ein wichtiges Thema sind Utopien aber vor allem aus dem folgenden Grund: Die Geschichte des utopischen Denkens zeigt überdeutlich, welch katastrophale Folgen es hat, Idealentwürfe gar zu ernst zu nehmen. Egal ob diese Ideale weltlich ausgerichtet oder spirituell motiviert sind, sie mit tatsächlich realisierbaren gesellschaftlichen Umgestaltungsprogrammen zu verwechseln, ist fatal! Dieser grundlegende Fehler führte in der Vergangenheit genauso wie in der Gegenwart direkt zu totalitärer Verherrlichung und Fanatismus, mit denen versucht wird, menschlich unfassbare Bestialitäten zu rechtfertigen.

Ich halte es daher für eine lohnende und sinnvolle Aufgabe, Bildungsveranstaltungen zu diesem Themenkomplex durchzuführen, und bin sehr gespannt, inwieweit es mir gelingt, ein entsprechendes Publikumsinteresse zu wecken. Ich danke Andrea Schönig für ihre Anregung des Themas und die Chance zur Durchführung einer Pilotveranstaltung. Melanie Kopp danke ich für das sehr gewissenhafte und qualifizierte Lektorat dieses Textes – im Nachgang neu produzierte Schreibfehler stammen von mir selbst.

Falls meine Utopie-Seminare Anklang finden sollten, so bieten sich die folgenden Themenerweiterungen an:

- Öko-Utopien und Fiktionen des globalen Gleichgewichts
- Wird der »neue Mensch« androgyn sein?
- Bleibt eine friedliche Menschenwelt utopisch?
- Utopien, Heilserwartungen, Religionen und Erfahrungsspiritualität – Unterschiede und Überschneidungen

Detlef Georg Siebert
Kassel, August 2016

Inhalt

1.	Ein wissenschaftlicher Utopiebegriff	5
2.	Die Utopien von Aldous Huxley Vom Sarkasmus zur Gutmenschen-Vision	8
2.1	»Kollektivität, Identität, Stabilität«	8
2.2	Vom normierten »Glück« zum buddhistisch inspirierten »Eiland«	14
3.	Ausgewählte moderne Utopien der sozialen Revolution Das Ende der modernen Utopien? Teil 1	22
3.1	Einleitung	22
3.2	Radikal-sozialer Fortschritt als kommunistische Utopie	25
3.3	Radikal-sozialer Fortschritt als anarchistische Utopie	31
4.	Utopien des technischen Fortschritts, Dystopien und apokalyptische Visionen Das Ende der modernen Utopien? Teil 2	38
4.1	Technologische Utopien im Sachbuch-Gewand	38
4.2	Der Umschlag in Dystopien und apokalyptische Visionen	49
	Überblick der verwendeten Quellen	56
	Artikel aus »Der Brockhaus multimedial 2006 premium« ...	60
	Nachwort	73